ANNA VON RÜDEN

Jeden Tag aufs Neue glücklich

Für Träume ist man nie zu alt

ANNA VON RÜDEN

mit Silke Amthor

Jeden Tag
aufs Neue
glücklich

**FÜR TRÄUME
IST MAN
NIE ZU ALT**

Inhalt

Hier und jetzt

Wer präsent bleibt, wird nicht unsichtbar 8

Alles auf Anfang 11

Toaster gesucht – Liebe gefunden 12

Mein Herz brennt 20

4 + 4 + 11: Die Formel für das große Glück 26

I. Anfangen

Paradies unter qualmenden Schloten 44

Der Ernst des Lebens 50

Perfektion 56

... und Unvollkommenheit 59

So nah und doch so fern 65

Tod und Vergänglichkeit 69

Fremde Schwestern 71

Beat & Gebete 74

Kleine Fluchten 76

Liz, Gina – und Anna 79

Große Freiheit 81

Göttliche Vorsehung 84

II. Leben

Der Duft von Räucherschinken 92
Berlin, Berlin 95
Müde Kinder, ferne Väter 103
1 + 1 = 3 105
Neue Heimat Holstentor 112
Winnewonne Wilhelm 114
Kinderkriegen ist doch schwer 118
Herzenskind Elisabeth 121
Glück hoch vier 131
Familienstreit und Traumurlaub 134

III. Loslassen

Carol 142
Marlis 146
Hans I 149
Susanne 153
Claudia 158
Hans II 159

IV. Ankommen

Ich habe mir jede Falte verdient 170
Mode ist mehr als Kleidung 174
Empört euch! 177
MeToo 182
Weniger ist irgendwann mehr 185
Träume 187

Hier und jetzt

Wer präsent bleibt, wird nicht unsichtbar

Natürlich kann ich mein Alter nicht wegdiskutieren. Ich bin nicht mehr 40, ich wirke auch nicht wie 50, sondern ich sehe genau so alt aus, wie ich bin. Manchmal passiert es, dass Jüngere mir ihren Platz im Bus oder in der Bahn anbieten. Das ist natürlich erst mal sehr aufmerksam, führt aber bei mir unweigerlich zu dem Gedanken: „Oje, du musst heute aber alt oder krank aussehen." Derartige Privilegien brauche ich noch gar nicht, da ich mich nicht so alt fühle.

Viele Frauen über 50 beklagen dieses Gefühl des Plötzlich-unsichtbar-Werdens. Das kann ich nicht nachvollziehen. Ich habe weder das Gefühl, mit Mitte 60 von der Gesellschaft oder vom Zeitgeschehen abgeschnitten zu sein, noch, dass man mich nicht mehr wahrnimmt. Vermutlich liegt das daran, dass ich nach wie vor aktiv am gesellschaftlichen Leben teilhabe und offen bin für Neues.

Ich interessiere mich für viele verschiedene Dinge, führe gern Gespräche mit jüngeren Leuten und höre mir dabei auch ihre Probleme und Befindlichkeiten an. Interessiert zu sein ist für mich ein Lebenselixier, es bedeutet für mich im wahrsten Sinne des Wortes *dazwischen sein*. Ich bemerke aber auch, dass sich manche Menschen ab einem gewissen Alter aus der Gesellschaft zurückziehen. Und das ist der erste Schritt in die Unsichtbarkeit. Das Schicksal ist unberechenbar, Krankheit, Erschöpfung, Resignation – Gründe gibt es viele, wenn die Aktivitäten nachlassen. Ein Argument jedoch kann ich überhaupt nicht hören: „Da kümmere ich mich nicht mehr drum, das sollen doch die Jüngeren machen." Für ein gutes Miteinander der Generationen sollte sich jeder nach seinen Möglichkeiten einbringen. Es muss ja nicht gleich das ganz große politische oder soziale Engagement sein. Manchmal reicht es schon, wenn man in seinem näheren Umfeld genau hinschaut. Wie geht es meinem Nachbarn? Welche Interessen hat er? Kann man mal etwas gemeinsam unternehmen? Gibt es in meinem Stadtteil etwas, wofür ich mich einsetzen möchte? Habe ich Wissen und Fähigkeiten, von denen andere profitieren könnten?

Kreativität gehört für mich unbedingt zum Jungbleiben dazu. Manchmal träumt man das ganze Leben davon, singen zu können, oder will seit Jahren eine Fremdsprache lernen. Natürlich erlangt man als Späteinsteiger keine Wettbewerbsreife mehr. Aber darum geht es auch gar nicht. Was zählt, sind Spaß, soziale Kontakte und geistige Herausforderung. Ich bin der Meinung: unbedingt sofort umsetzen! Glücklicherweise gibt es heute in jeder kleineren wie größeren Stadt Volkshochschulen, die eine Bandbreite an Kursen für vergleichsweise wenig Geld anbieten. Spannend ist auch der Austausch mit Menschen anderer Kulturen, denen man in Tandem-Sprachkursen, die oft kostenlos sind, begegnen kann. Dabei treffen sich zwei Partner mit unterschiedlichen Muttersprachen, um sich abwechselnd in beiden Sprachen zu unterhalten.

„Use it oder lose it" – das gilt nicht nur für Muskeln, sondern auch für das Gehirn. Was nicht benutzt wird, geht verloren. Kreativität hält die grauen Zellen auf Trab und kann vor Erkrankungen schützen. Forschungen haben gezeigt, dass es besonders effektiv ist, wenn das Gehirn mit neuen, unbekannten Informationen gefüttert wird. Kreuzworträtsel mit den immer gleichen Suchbegriffen sind daher eher kontraproduktiv, da gähnt das Gehirn irgendwann. Ein Instrument spielen oder eine neue Sprache oder auch tanzen zu lernen ist dagegen deutlich sinnvoller. Musizieren hält bekanntlich jung und auch Bewegung hat verblüffende Effekte. US-Forscher haben nachgewiesen, dass regelmäßiges Tanzen Depressionen lindern kann, Kurzzeitgedächtnis und Reaktionsvermögen trainiert und sogar das Risiko für Demenz senkt. Auch Menschen mit gesundheitlichen Einschränkungen profitieren von diesen Aktivitäten. So fühlten sich laut einer US-Studie Parkinson-Patienten nach 20 Tanzstunden bedeutend sicherer auf den Beinen als Patienten, die ein reines Gymnastikprogramm absolviert hatten. Bei Sehbehinderten war das Resultat ähnlich. Auch sie hatten durch das Tanzen an Sicherheit im Alltag gewonnen.

Leider fehlt mir momentan die Zeit, um regelmäßig einen Kurs gleich welcher Art zu besuchen. Da ich aber im Kopf fit bleiben möchte, habe ich mir vor ein paar Jahren ein Tablet zugelegt und mich mehr und mehr in die technischen Raffinessen des Computers eingearbeitet. Das macht mir ziemlich viel Spaß. So kann ich, wenn ich jobmäßig unterwegs bin, abends noch ein kleines Video von meinen Enkeln anschauen, mit ihnen skypen oder mich kurz über das aktuelle Weltgeschehen informieren.

Aufgeschlossenheit und Interesse an Neuem oder Andersartigem, das ist mein Rezept, um im Kopf jung zu bleiben. Einfach mal Dinge ausprobieren, die man nicht kennt, noch nie gemacht hat oder vor denen man vielleicht sogar ein wenig Bammel hat. Raus aus der Komfortzone! Und sich überraschen lassen, was passiert und wie viel Spaß das machen kann.

So erging es mir, als mich der Gräfe und Unzer Verlag in München fragte, ob ich ein Buch schreiben wolle. Die Herausforderung habe ich dann auch angenommen. Einfach, weil ich noch nie in meinem Leben ein Buch geschrieben, aber eine Menge zu sagen habe, von dem ich hoffe, dass es jemand hören will… Über diese Anfrage habe ich mich sehr gefreut. Übrigens noch so eine wichtige Eigenschaft fürs Leben: sich freuen können. Wenn man sich nicht mehr freuen kann, dann kann man auch nicht glücklich sein.

Alles auf Anfang

Rückblickend kann ich heute sagen, dass es das Leben ziemlich gut mit mir gemeint hat. Ich hatte eine unglaublich schöne Kindheit, eine annehmbare Schulzeit und einen spannenden Start ins Erwachsenenleben im quirligen Berlin. 22 Jahre hatte ich einen guten Mann an meiner Seite und durfte Mutter von vier wunderbaren Kindern werden.

Heute stehe ich mehr denn je mitten im Leben und fühle mich so lebendig wie nie zuvor. Ich arbeite als Model, habe meine große Liebe gefunden, freue mich jeden Tag an meinen großen Familienbanden und lebe nach vielen Umzügen kreuz und quer durch die Republik wieder in der schönsten Stadt der Welt – Berlin.

Vor ein paar Jahren fing dieses neue Leben an: Nach der Trennung von meinem Mann Hans fand ich mich plötzlich allein, ohne Kinder, auf 60 gemütlichen Altbau-Quadratmetern in Charlottenburg wieder. Ich war 55 und stand ungefähr wieder da, wo ich vor 30 Jahren schon einmal gestanden hatte. Ich habe mein Leben dann noch mal auf links gekrempelt. Diesen Neuanfang empfand ich nicht als Rückschritt, sondern als echte Chance, ein zweites Mal durchzustarten. Dazu gehörte auch, dass ich mich reduziert und fokussiert habe, innerlich wie äußerlich. Gleichzeitig habe ich intensiv in mich reingehorcht: Was kann ich? Was will ich? Was ist mir wichtig? Das Leben noch mal völlig neu zu ordnen – das war ebenso reinigend wie befreiend.

Auch wenn ich anfangs ein ganz klein wenig ängstlich in die Zukunft blickte, so habe ich durch die Trennung von meinem Mann letztlich sehr viel an Sicherheit gewonnen. Mehr noch, ich blühte emotional regelrecht auf, fühlte mich glücklich und auf wunderbare Weise frei. In der ersten Zeit bin ich sehr viel spazieren gegangen, habe neben dem Hüten meiner zahlreichen Enkelkinder viel Zeit in Kinos, Galerien und Museen verbracht. Nach ungefähr drei Jahren wachte ich eines Morgens auf und dachte: Die Welt ist wunderbar!

Die tragenden Säulen in meinem Leben, die mich jeden Tag genießen lassen, sind heute eine fabelhafte Familie, ein toller Job und die wunderbare Beziehung zu Michael. Ihn zu treffen war eine unglaublich schöne Laune des Schicksals.

Toaster gesucht – Liebe gefunden

Er sah buchstäblich magisch aus, mit seinem dunkelblauen langen Samtmantel, dem schwarzen Halstuch und den langen schwarzen Haaren. Es war ein Sonntag im März, er stand lächelnd oben auf der Treppe am S-Bahnhof Tiergarten – und hatte auf mich gewartet. Ganze anderthalb Stunden!

Auf der Suche nach einem alten Metall-Toaster bin ich an diesem sonnigen Frühlingstag 2011 gemütlich über den Flohmarkt auf der Straße des 17. Juni geschlendert. Ich trug einen schlichten, in der Taille gebundenen Ledermantel und einen schönen Rock, hatte das Haar offen und gefiel mir selbst richtig gut. Und ihm offenbar auch. Er sprach mich an, sagte, dass ich ihm schon vorhin zwischen den Ständen aufgefallen sei und er deshalb hier auf mich gewartet habe. Wir setzten uns auf eine Parkbank unter Bäumen im Tiergarten gegenüber dem S-Bahnhof und hatten sofort einen Draht zueinander. Optisch gefiel er mir sehr, weil er nicht so geschniegelt wirkte. Offen gestanden, sah er bei unserer ersten Begegnung sogar eher zerknittert aus. So, als ob er in der Nacht davor viel zu wenig geschlafen hätte. Dennoch war nicht zu übersehen, dass er jünger war als ich. Deutlich jünger. Ganze 25 Jahre, wie ich kurz darauf erfuhr.

Er fragte mich nach meiner Telefonnummer und speicherte sie in sein Handy ein. Als ich sein seltsames Mobiltelefon sah, musste ich erst mal lachen. Es war ein Senioren-Handy mit riesengroßen Tasten. Er gestand mir, dass er sich nur sehr schwer Zahlen merken könne und es ihm mit dieser Tastatur leichter fiele, Nummern zu wählen. Auf Kriegsfuß mit Zahlen – das kenne ich auch. Das allein machte ihn mir schon sehr, sehr sympathisch. Wir verabredeten uns für den folgenden Mittwoch. Zum Abschied fragte er, ob er mir einen Kuss geben dürfe. Das ging mir eindeutig zu schnell.

Danach bin ich aber buchstäblich nach Hause geschwebt. Ich saß in der S-Bahn, hatte Herzklopfen, weiche Knie und knallrote Wangen – das volle Programm eben ... Zu Hause meldete sich dann mein Verstand. „Der Typ ist viel zu jung für dich. Was willst du denn mit dem anfangen?", fragte das kleine Teufelchen auf meiner Schulter. Doch der Engel auf der anderen Seite sagte nur: „Wart's einfach mal ab." Je näher der Mittwoch rückte, umso nervöser wurde ich. Hoffentlich würden wir ein

Gesprächsthema finden. Bloß keine peinliche Stille oder angestrengter Smalltalk.

Für unser erstes Treffen hatte er sich etwas ganz Besonderes ausgedacht. Kein schickes Berliner Restaurant mit Dreigängemenü und einer Flasche Barolo, um mich zu beeindrucken. Nein, sondern eine echte Berliner Kneipe, mitten in Grunewald. Ich hatte mich für alle Eventualitäten wetterfest angezogen, da ich ja nicht wusste, auf welche Nacht-und-Nebel-Aktion ich mich da eingelassen hatte. Michael erschien mit einem phosphorgrünen Regenschirm am S-Bahnhof und geleitete mich zu der außergewöhnlichen Location. Es war nicht mal eine besonders gemütliche Kneipe oder gar eine elegante Bar, sondern eine Eckkneipe, wo sich das weniger gut betuchte Publikum des Nobel-Stadtteils auf ein preiswertes Bier trifft.

Schon auf dem Weg zur Kneipe unterhielten wir uns angeregt, wir warfen uns die Bälle nur so zu. In der Kneipe erzählte Michael mir dann von seiner Arbeit. Genau wie ich ist er Sozialpädagoge. Er leitet eine Wohngemeinschaft für Jugendliche von 18 bis 28 Jahren. Diese jungen Erwachsenen sind irgendwann mal aus unterschiedlichen Gründen durch das soziale Netz gerutscht und schaffen es nicht, ihren Tagesablauf zu strukturieren. Michael und seine Kollegin helfen ihnen dabei, wieder selbstständig im Leben klarzukommen. Mich faszinierten die Schilderungen von seinem Job und seine Einstellung dazu.

Die Zeit verging wie im Flug. Erst irgendwann weit nach Mitternacht sind wir aus der Kneipe raus. Und dieses Mal durfte er mich zum Abschied küssen. Auf die Wange allerdings. Am nächsten Morgen habe ich als Erstes meine Tochter angerufen, um ihr aufgeregt mitzuteilen: „Elisabeth, ich habe mich verliebt."

Nur ein paar Tage später habe ich Michael auf meinem Geburtstagsfest meiner Familie vorgestellt. Er war ziemlich schnell integriert und ich hatte den Eindruck, dass er sich in unserem lauten und lustigen Haufen wohlfühlte.

Durch Michael habe ich ganz andere Seiten des Lebens entdeckt und auch eine neue Art von Musik: Black Metal. Diese Unterart von Metal kommt aus Skandinavien, ist sehr speziell und nicht ganz unumstritten. Gutturale Gesänge mit Schreien, Kreischen und Knurren, Satanskult und brennende Kirchen sind es, was viele der Szene vorwerfen. Dazu weiß geschminkte Gesichter, Kunstblut und martialische Outfits. Böse Buben, Gewaltexzesse und Kriminalität hat es in den 1990er-Jahren in dieser Musikrichtung tatsächlich gegeben. Das waren allerdings oft verwirrte Einzeltäter und lässt sich nicht auf die gesamte Musikrichtung übertragen.

Inzwischen gibt es eine neue Black-Metal-Szene, manche nennen sie auch Neo Black Metal. Hier präsentieren sich die Bands ohne die typischen bleichen Gesichter, manchmal sogar in ganz normalen Outfits wie Jeans und T-Shirt. Die Musik hat für mich etwas Mythisches, etwas Mystisches, aber auch etwas Spirituelles, Psychodelisches und Rockiges. Sie ist nichts, was gefällig ins Ohr geht, sondern schrill und kreischend, manchmal aber auch sehr symphonisch. Kurz: Sie lässt sich nur schwer in eine Schublade packen. Genau das gefällt mir daran. Und bei den Konzerten dieser Bands geht echt die Post ab. Das Publikum dort ist meist bunt gemischt, allerdings eher männerlastig. Einer grauhaarigen Frau in meinem Alter bin ich dort noch nie begegnet. Dennoch wurde ich nie schief angeguckt, und ich habe mich dort auch nie fehl am Platze gefühlt.

Was mich aber immer wieder bei der doch sehr roh wirkenden Musik verwundert: Das Publikum ist in keinster Weise krawallig, ganz im Gegenteil geht es im Zuschauerraum sogar sehr ruhig und gesittet zu. Als Michael mir die ersten Black-Metal-Stücke bei sich vorspielte, war ich zuerst sprachlos. Anfänglich machte mir die Musik Angst, und es war für mich nur Krach. Inzwischen habe ich ein ziemlich gutes Gefühl für die Strukturen dieser Musik entwickelt und kann sie auch gut erkennen. In Skandinavien gehört Metal zum Kulturgut. Die Künstler dort sind hoch angesehen, ähnlich wie bei uns Popmusiker. Unter anderem wegen der Musik reisen wir auch gern in diese Länder. Wir waren bereits zusammen auf dem Metal-Festival in Oslo, und ich freue mich schon jetzt wieder auf das nächste Oration-Festival in Reykjavík.

Allerdings muss bei uns nicht alles laut und martialisch sein, wir mögen auch die leiseren Töne. Gleich zweimal waren wir in einem Konzert von Leonard Cohen. Als wir ihn im Juli 2013 in Berlin sahen, wussten wir beide intuitiv, dass wir wohl zum letzten Mal „Suzanne", „I'm your Man" und sein wunderbares „Hallelujah" live von ihm gesungen gehört hatten.

Über Anna

„Ich hatte an diesem Tag einen kleinen Spaziergang durch den Tiergarten gemacht und mir auf dem Flohmarkt nicht nur die Antiquitäten angeschaut, sondern vor allem auch die Menschen. Das liebe ich.

Anna fiel mir sofort auf. Sie stach aus der Menschenmasse, die über den Flohmarkt spazierte: lange weiße Haare, dazu ein farbenfrohes Outfit mit coolem Rock und Mantel. Mir fiel natürlich auch ihre schöne, schlanke Figur auf, die von ihrer Kleidung perfekt betont wurde.

Hier und jetzt

*Als ich Anna so von Weitem sah, wollte ich sie unbedingt ken-
nenlernen. Das Ganze zog sich allerdings ziemlich in die Länge. Da
Anna einen ganz speziellen Toaster suchte, blieb sie gefühlt an jedem
Stand stehen und unterhielt sich ausgiebig mit den Verkäufern. Da
ich nicht wusste, in welche Richtung sie eigentlich wollte, hatte ich
Angst, sie aus den Augen zu verlieren.*

*Intuitiv habe ich mich in der Nähe des Bahnhofs vor einem Hotel
platziert und versucht, sie im Blick zu behalten. Sie lief tatsächlich in
meine Richtung, und ich sprach sie dann einfach an. Ihre Art war so,
wie ich es erwartet hatte. Sie wirkte sehr zart und sprach mit leiser,
ruhiger Stimme. Das mochte ich. Wir haben dann unsere Telefon-
nummern ausgetauscht und uns für einen Abend drei Tage später
verabredet. Zu Hause wurde mir bewusst, dass diese Begegnung mit
Anna etwas Magisches hatte. Ich wollte Anna unbedingt wiedersehen
und wusste, dass daraus etwas Besonderes entstehen könnte. Es war
im positiven Sinne verhängnisvoll.*

*Diese Frau war alterslos und bewegte sich außerhalb aller mess-
baren Spektren. Da ich meine Seele als deutlich älter betrachte als
mein Lebensalter, bilden Anna und ich so etwas wie eine seelische
Peergroup.*

*Wir hatten uns am S-Bahnhof Grunewald verabredet. Vor lauter
Aufregung war ich fast eine Stunde zu früh da. Obwohl es klirrend
kalt war, habe ich relativ regungslos auf einer Bank auf Anna gewartet. Ich war vor Anspannung wie gelähmt. Mir war klar, dass ich
sie auch bei dieser zweiten Begegnung toll finden würde. Unsicher war
ich allerdings, ob es ihr genauso gehen würde ...*

*Sie kam pünktlich – und ich war augenblicklich von ihrer Aus-
strahlung in den Bann gezogen. Wir unterhielten uns vom ersten
Moment an ganz ungezwungen – meine Unsicherheit war schnell
verflogen. Auf der Suche nach einem schönen Café landeten wir*

schließlich in einer ziemlich schrägen, aber sehr urigen Kneipe. Kein romantisches Abendessen bei Kerzenschein, stattdessen volle Pulle Leben mit äußerst trinkfesten Stammgästen aus dem Kiez. Dort, zwischen all diesen etwas speziellen Menschen, spürte ich, dass ich mich mit Anna eigentlich überall wohlfühlen könnte. Der Ort war nicht entscheidend.

Und ihr ging es wohl ganz genauso. Ich erinnere mich noch gut, dass wir während des ganzen Abends sehr neugierig von der Kellnerin und ihrem Dackel beäugt wurden. Vermutlich, weil sie unser Verhältnis nicht einschätzen konnte und nur allzu gern gewusst hätte, in welcher Beziehung wir denn zueinander standen.

Gesprochen haben wir vor allem über mich. Ich leite als Sozialpädagoge eine therapeutische Wohngemeinschaft für junge Erwachsene. Darüber hinaus bin ich Komponist, Gitarrist, Sänger und Lyriker. Anna dagegen war eher zurückhaltend, hat wenig von sich erzählt und schon gar nicht von ihrer Model-Karriere gesprochen. Das gefiel mir, und es war natürlich auch ein bisschen geheimnisvoll. Sie sagte nur, dass sie etwas mit Mode zu tun hätte. Ich stellte sie mir eher als Modedesignerin denn als Model vor. An diesem Abend durfte ich sie übrigens auch das erste Mal küssen und ihr über den Rücken streichen – das war für mich wie eine Bekräftigung für den Beginn unserer Beziehung.

Erzählt hat sie von ihren vier Kindern, ihren damals erst drei Enkeln – und von ihrer Liebe zur Musik. Auch da schienen wir Gemeinsamkeiten zu haben. Ich bin musikalisch breit aufgestellt, mag die dunklen Klänge von Chopins und Leonard Cohens Kompositionen bis hin zu norwegischem Black Metal. Damit habe ich Anna zu Anfang wohl etwas verschreckt, was ich auch gut verstehe. Es gibt inzwischen neue französische und isländische Bands, die sehr künstlerische und atmosphärische Musik machen. Für mich ist Black Metal eine sehr edle, feinsinnige und tiefgreifende Kunstform, die viele Menschen nicht verstehen. 2015 reiste ich mit Anna ins Geburtsland des Black Metal, nach Norwegen. Wir trafen dort auf dem sogenannten Inferno-Festival gleichgesinnte Menschen aus allen Ländern, die unglaublich nett, höflich und zuvorkommend waren. Es gab kaum Alkohol, wir trafen auf eher stille, introvertierte Genießer mit einem enormen Maß an geistiger Reife. Anna hat sich dann buchstäblich an diese Musik herangetastet. Die norwegische Band Taake war unser persönliches Highlight. Anfangs stand sie ganz hinten im Publikum, dann ist sie immer näher an die Bühne herangerückt. Sie mochte auch die Outfits der Protagonisten und der Fans, und ich mochte es, wie unglaublich neugierig und vorurteilsfrei sie auf alles zuging.

Annas Familie lernte ich bereits bei unserem dritten Treffen kennen. Es war Annas Geburtstag, ich klingelte – und hatte gleich eine Begegnung der besonderen Art mit Annas süßer Enkelin Rosa, die damals drei Jahre alt war. Sie guckte mich von oben bis unten an und fragte dann, ob ich denn nun ein Mann oder eine Frau sei. Ich hatte auch damals schon lange Haare, was sie wohl verwirrte. Und dann saß ich plötzlich am Tisch, neben mir Annas mich musternde Kinder, die Schwiegertöchter, Enkel und ihr Ex-Mann – und ich fühlte mich sofort als Teil des Ganzen. Alle nahmen mich sehr herzlich auf und interessierten sich für mein Leben.

Ich selbst komme aus einer Kleinfamilie, habe eine sehr nette Schwester und selbst keine Kinder. Die Stufe des leiblichen Vaters habe ich durch die Beziehung mit Anna quasi übersprungen und befinde mich in einer Art Großvaterrolle, in der ich mich wohlfühle. In ihrer Rolle als Großmutter bewundere ich Anna sehr. Sie ist so wahnsinnig multitasking, hält äußerst geschickt die Fäden in der Hand und ist dabei absolut entspannt.

Mit Anna verbindet mich auch die Liebe zum Genuss auf ganz vielen Ebenen. *Wir beide können stundenlang in Cafés sitzen, guten Cappuccino oder Latte macchiato trinken, Leute beobachten oder auch in Ruhe gemeinsam Zeitung lesen. Sie liebt genau wie ich Pumpernickel, ein spezielles westfälisches Roggenbrot. Ich kenne sonst niemanden in meinem Umfeld, der das isst. Anna kauft immer einen wunderbaren Käse in einem kleinen Laden in Charlottenburg – für mich der beste Käse der Welt. Wir haben denselben Sinn für Ästhetik, der weit weg ist vom Konventionellen. Wir mögen dieselben Filme und Kunstwerke. Vergleichen würde ich uns mit zwei etwas eigenwilligen Puzzleteilen, die gar nicht anders konnten, als sich zu finden.*

Was ich an Anna liebe, sind ihre Zartheit und ihre Mystik. Und sie hält mich aus, mit all meinen kleinen und großen Macken. Manches, was ich an ihr mag, lässt sich auch gar nicht in Worte fassen. Es ist ein Gefühl von angenehmer Sprachlosigkeit, das mit einem intensiven Gefühl von Liebe einhergeht."

Freund Michael

Mein Herz brennt ...

Mode habe ich schon als Kind geliebt. Von den Hüten meiner Großmutter konnte ich gar nicht genug bekommen, probierte sie immer wieder gern vor dem Spiegel auf und erfand dazu die abenteuerlichsten Geschichten. Meine improvisierten Modenschauen zu Hause sollen, laut meinen Eltern und Großeltern, legendär gewesen sein. Dass ich damit irgendwann mal Geld verdienen werde, wusste ich damals natürlich noch nicht.

Obwohl ich mich als junges Mädchen immer zu groß und dünn fand, entsprach ich damit genau einem bestimmten

Schönheitsideal. Mit 18 sprach mich an einem Ostseestrand ein freundlicher junger Mann an. Er suchte Hausmodelle für das renommierte Modehaus Horn am Ku'damm, und ich passte wohl wunderbar ins Konzept. Eine Zeit lang lief ich auf Modenschauen dieses Geschäfts, das 2003 seine Pforten für immer schloss. Meine Eltern fanden das eher anrüchig und suspekt. Da sie mein Studium zum Teil mitfinanzierten, drohten sie die Zahlungen einzustellen, sollte ich mit dem Modeln nicht aufhören. So war es erst mal vorbei mit meiner Model-Karriere.

37 Jahre später, ich war 55, entdeckte mich erneut ein Model-Scout, mitten auf dem Ku'damm. Ich suchte gerade nach einem Geburtstagsgeschenk für meine jüngste Enkelin, als er mich ansprach. Bereits zwei Tage später stellte ich mich bei einer großen Agentur in Hamburg vor. Eine Sedcard von mir, eine Art Kurzbewerbungskarte mit Fotos, wurde erstellt – und es konnte losgehen. Mittlerweile modele ich seit fast elf Jahren und freue mich wahnsinnig über jeden neuen Model-Job. Von jedem einzelnen Auftrag nehme ich etwas mit nach Hause: Kontakte zu neuen Menschen, Eindrücke einer neuen Stadt, die tolle Stimmung am Set und natürlich schöne Bilder, die immer wieder eine ganz neue Seite von mir zeigen.

Gerade war ich auf einem besonders interessanten Job: Für die VOGUE Portugal fand ein Shooting in der Slowakei, in Bratislava, statt. Ich hatte mich vorab im Internet ein wenig über die Stadt informiert. Meist schaue ich, ob gerade spannende Ausstellungen laufen, ansonsten lasse ich mich einfach treiben und entdecke so durch Zufall oft die schönsten Cafés, Restaurants und Geschäfte. Vor zehn Jahren war ich schon mal in Bratislava gewesen. Nach dieser langen Zeit war ich bei meiner Ankunft überrascht, wie modern die Stadt geworden war. Am Flughafen erwartete mich der Fotograf der Produktion höchstpersönlich. Er brachte mich ins Hotel, so hatte ich gleich Kontakt zu meiner wichtigsten Bezugsperson für die nächsten Tage. Die Unterkunft war geschmackvoll und sehr zentral gelegen. Bei meinen Jobs bin ich immer in Häusern mit gutem Standard untergebracht, da kann ich mich nicht beschweren. Der Fotograf gab mir noch ein paar Tipps zu Restaurants in der näheren Umgebung des Hotels, dann war ich für den Abend allein. Wie häufig habe ich auch in Bratislava erst mal einen Spaziergang durch die Straßen gemacht. So bekomme ich rasch ein Gefühl dafür, wie eine Stadt sich anfühlt und tickt.

Das Alleinsein in einer fremden Stadt macht mir nichts aus. Ich bin da immer völlig entspannt, auch wenn ich die Sprache nicht spreche. Mit Englisch komme ich fast überall durch, und in Bratislava sprachen auch einige Menschen Deutsch – zur Not klappt die Verständigung auch mit Händen und Füßen.

Meist gehe ich frühzeitig schlafen, um für das Shooting fit zu sein. Disziplin ist in diesem Job unglaublich wichtig, auch und gerade wenn man nicht mehr 17 ist. Ausreichend Schlaf vor einem Job und ein gesundes Frühstück, das lang vorhält, sind ein Muss. Denn oftmals bekommt man erst nachmittags wieder etwas zu essen. Selbstverständlich ist für mich auch ein gepflegter Körper. Füße, Hände und Nägel sollten glatt und makellos sein, Achseln und Beine ohne Blessuren rasiert und die Haare natürlich frisch gewaschen. Auch ein „Notfall-Set" mit nudefarbener Unterwäsche habe ich immer dabei, falls die Modelle unerwartet doch mal eher durchsichtig sind.

An den Tagen vor einer Produktion achte ich darauf, nicht zu viel zu essen, damit mein Bauch schön flach ist. Das sieht besser aus, ich fühle mich wohler am Set und kann mich besser bewegen, als wenn ich permanent meinen Bauch einziehen müsste. Vor allem sollten die auf der Sedcard angegebenen Maße auch wirklich stimmen. Die Kleidung wird dem Model oft genau nach diesen Angaben auf den Leib geschneidert. Bei einer Produktion habe ich mal erlebt, dass ein sehr junges Model in den Wochen vor dem Job wohl zu viel gefuttert hatte. Sie hat nicht in das für sie vorgesehene Kleid gepasst – und wurde fünf Minuten später an die Luft gesetzt. Ich kann das gut nachvollziehen, da das Ganze ja eine kostspielige Angelegenheit ist …

Bei dem VOGUE-Shooting in Bratislava ging es übrigens nicht ausschließlich um Mode, es wurden Bilder für ein Editorial gemacht, das Fashion und Alter zum Thema hatte.

Mein Gegenpart war ein etwa 20-jähriges Model aus Prag, eine schmale, blonde, große Frau. Ich stellte ihr älteres Spiegelbild dar. Ich durfte, ja sollte sogar in der Produktion müde und faltig aussehen, ein bisschen gebrochen wirken und war mal nicht das Seht-her-wie-toll-man-auch-mit-60+-aussehen-kann-Model. Dennoch haben mich die Fotos, als ich sie später sah, fasziniert. Es war eine wirklich außergewöhnliche Produktion.

Wir haben in einem großen sozialistischen Gebäude aus den 1970er-Jahren produziert, das einen ganz eigenen Charme hatte. Dunkle Holzvertäfelungen an den Wänden, dazu Tapeten mit psychodelischen Mustern und Originalmobiliar aus dieser Zeit. Schräg, aber schön. In dem Gebäude gab es auch einen alten Ballettsaal, in dem ein Teil der Aufnahmen stattfand.

Der Anfang war ein wenig holprig. Gleich am ersten Set musste ich ein kurzes, ziemlich transparentes Negligé tragen, das stark auf Figur geschnitten war. Dazu auch noch High Heels. „Das kann ja heiter werden", war mein erster Gedanke.

Privat trug ich schon seit Jahrzehnten nicht mal mehr Miniröcke – und nun das … Anfangs fühlte ich mich in diesem Look extrem unwohl, zumal es in dem kahlen Ballettsaal relativ kühl war, was der guten Laune nicht gerade zuträglich war. Doch ein Profi jammert nicht, sondern beißt die Zähne zusammen. Ich versuchte also, mich irgendwie in dieses hauchzarte Outfit hineinzufinden und mich mit meiner Rolle zu identifizieren. Nach rund 15 Aufnahmen ging es dann. Dabei helfen einem meist auch der Fotograf und die Crew. Diese hier war besonders nett, sehr locker und fröhlich. So etwas spornt unglaublich an. Nachdem ich das Negligé überstanden hatte, waren meine nächsten Outfits glücklicherweise richtige Anna-Lieblingsteile: wunderschöne lange Kleider von Versace und Prada mit Blumenmuster und weite, farbenfrohe Hosen von Gucci. Alles Haute Couture, direkt vom Laufsteg. Ein Traum in Farbe und Schnitt.

Bei den meisten Produktionen begegnen mir die Beteiligten sehr zuvorkommend und freundlich. Allerdings kann der Ton auch schon mal rauer sein, wenn alle Stress haben. Das darf man allerdings nie persönlich nehmen. In Bratislava hatten wir viel Zeit, mittags gab es sogar eine längere Pause mit einem warmen Buffet. Während eines Shootings esse ich allerdings zwischendurch meist nur ein paar Snacks wie eine Handvoll Nüsse, einen Keks oder ein Stück Obst, da ich sonst müde werde.

Das Shooting an diesem Tag dauerte zehn Stunden, das ist nicht ungewöhnlich. Danach war ich so aufgedreht, dass ich erst noch mal eine Stunde durch die Stadt laufen musste, um runterzukommen. Wenn ich allerdings abends im Hotelbett liege und alles von mir abfällt, merke ich, was ich den ganzen Tag über getan habe. Meist fallen mir sofort die Augen zu. Am nächsten Morgen konnte ich glücklicherweise ausschlafen und habe mir noch mal in Ruhe Bratislava angeschaut mit seiner ungewöhnlichen Mischung aus Sozialismus und einer Portion Wiener Charme.

Manchmal sieht mein Job allerdings ganz anders aus und ist deutlich weniger glamourös. Vor einigen Jahren war ich für ein Video der Band Rammstein gebucht. Ich kannte die Gruppe nur vom Namen her und wusste nicht, wie ich sie einordnen sollte. Die Texte fand ich eher brachial, und dass das martialisch wirkende Auftreten, die Videos und Till Lindemanns rollendes R nicht jedermanns Sache sind, war mir klar. Aber ich war viel zu neugierig, um abzusagen.

Der Dreh fand in der morbiden Atmosphäre der Beelitz-Heilstätten statt, einer alten Lungenklinik in der Nähe von Berlin, die inzwischen fast völlig verfallen ist. Ich spielte für den Song „Mein Herz brennt" die sadistische Leiterin eines Kinderheims, die ihre Schützlinge früher gequält hatte. Jahre später nimmt dann eines ihrer Heimkinder, das inzwischen ein erwachsener Mann ist, blutige Rache für die Qualen und bringt sie um. So gruselig das auch klingen mag, mir hat diese ganz besondere Arbeit für ein Video vom ersten Moment an Spaß gemacht. Das war genau meins. Auch zu der Musik habe ich im Lauf des Drehs Zugang bekommen. Sie ist sehr speziell und tiefgründig. Die Rammstein-Songs sind brachial, doch ich mag es, wenn keine großen Umschweife gemacht und Dinge direkt beim Namen genannt werden. Gleichzeitig sind die Texte sehr feinfühlig, lyrisch und zeigen eine besondere Form der Romantik. Und: Ich liebe Till Lindemann. Den Sänger von Rammstein, der sich manchmal in seiner Musik so grell, blutrünstig, martialisch und provokant gibt, habe ich damals als sehr feinsinnigen, äußerst zuvorkommenden und höflichen Menschen kennengelernt. Ich weiß, dass er auch Gedichte schreibt, und für mich sind seine Lieder eigentlich Liebeslieder, wenn auch recht schrille. Unglaublich stolz war ich, als er sich dafür einsetzte, dass mein Name im Abspann des Videos erscheint, was sonst nicht üblich ist. Ich bin schon heute gespannt, was meine Enkel sagen, wenn ich ihnen das Video irgendwann vorführe. Noch sind sie viel zu klein und würden sich bei den gruseligen Szenen sicher ängstigen.

Wenn ich nach so einem Dreh oder Shooting nach Hause komme, möchte ich erst mal allein in meiner Wohnung sein. Ich brauche immer eine Zeit, um von der einen in die andere Welt zu kommen. Aber am nächsten Morgen darf es dann gern wieder losgehen mit meinem anderen Leben.

4 + 4 + 11: Die Formel für das große Glück

Zu diesem anderen Leben gehören vor allem meine Familie, meine vier wunderbaren Kinder und inzwischen elf zauberhafte Enkel im Alter von drei Monaten bis elf Jahren. Ich freue mich immer, wenn ich alle höre oder sehe. Bei uns geht es meist fröhlich und vor allem laut zu. Und manchmal bin ich richtig traurig, wenn die ganze große Familie nach einem wunderbaren gemeinsamen Nachmittag von dannen zieht und plötzlich wieder Stille herrscht. Früher waren meine Kinder mein Motor, heute sind die Enkelkinder mein Lebenselixier. Ich übernachte häufig bei ihnen und schlafe dann gern gemeinsam mit ihnen in einem Zimmer. Und wenn ich dann mal in der Nacht aufwache, gibt es für mich nichts Schöneres, als ihr ruhiges Atmen zu hören. Das ist für mich wie Musik, wie die allerschönste Musik.

Um meinen Schwiegertöchtern den schnellen Wiedereinstieg in den Job nach der Geburt zu ermöglichen, habe ich eigentlich alle Enkelkinder in den ersten zwei oder drei Lebensjahren, bevor sie in die Kita kamen, bei mir zu Hause betreut. Rosa, heute elf Jahre alt, war mein erstes Enkelkind. Sie ist die Tochter meines Sohnes Wilhelm und seiner Frau Ilka. Rosa kam bereits mit sechs Wochen zu mir. Und obwohl ich ja selbst vier Kinder großgezogen hatte, musste ich mich erst einmal wieder an so ein kleines Wesen gewöhnen. Mir fiel auf, dass ich viel vorsichtiger war als mit meinen eigenen Kindern, aber auch deutlich ruhiger und gelassener.

Als Rosa auf die Welt kam, war das für mich etwas ganz Besonderes. Auf einmal war ich Großmutter! Mit Großmutter assoziiert man ja meist eine etwas zittrige Person voller Güte und Abgeklärtheit. So habe ich mich allerdings nie gesehen. Als ich Rosa zum ersten Mal im Arm hielt, verspürte ich ein ganz besonderes Gefühl: dass ich nach meinen Kindern nicht nur *ein* Kind halte und auch nicht „nur" das meiner Kinder, sondern auch *mein* Kind. Es war wie ein riesengroßes Geschenk vom eigenen Kind. Dabei habe ich eine ganz starke Verbundenheit zu meinem Sohn und meiner Enkelin gespürt. Ich durfte Rosa bereits wenige Stunden nach ihrer Geburt halten. Und ich habe dabei ein Gefühl verspürt, das sich am ehesten mit dem nach den Geburten meiner Kinder vergleichen lässt: einen Flow, eine warme Welle, ein unglaubliches Glücksgefühl. Die Geburten meiner Enkel haben mich zudem noch mal sehr geerdet und

mich dem Leben gegenüber demütig fühlen lassen. Ich empfinde jeden Einzelnen von ihnen immer und immer wieder als
kleines, großes Wunder.

Über Anna...

„Ich finde meine Oma sehr hübsch. Ihr Gesicht mag ich besonders,
weil sie immer so strahlt. Und ihr Lachen finde ich richtig schön.
Das Schönste für mich ist es, wenn wir gemeinsam ins Kino gehen
und ganz viel Eis und Popcorn futtern. Cool finde ich auch, dass es bei
ihr oft Limo und Cola gibt – zu Hause trinken wir nämlich nur auf-
gesprudeltes Wasser.“

Enkelin Rosa, 11

Heute versuche ich, meinen Enkeln das Leben so angenehm
wie möglich zu machen. Man könnte auch sagen, ich verwöh-
ne sie. Dazu stehe ich voll und ganz, ich genieße das. Da entsteht eine ungeheure innere Freude, die ich inzwischen elffach
zurückbekomme. Einmal in der Woche gibt es für alle eine
große Tüte mit Süßigkeiten. Dann gibt es Zucker, so viel wie
in die Kleinen reinpasst. Das habe ich übrigens auch schon bei
meinen Kindern so praktiziert. Meine Söhne, meine Tochter
und Schwiegertöchter lassen mich in diesem Punkt des Ver-
wöhnens auch gewähren und haben dabei großes Vertrauen
in mich. Umgekehrt würde ich in Sachen Erziehung nie versuchen, die Elternrolle zu übernehmen, und halte mich an ihre
Richtlinien. Nie würde ich die Eltern vor den Kindern kritisie-
ren. Überhaupt bin ich mit Kritik sehr sparsam. Zum einen,
weil meine Kinder und Schwiegerkinder das alles richtig gut
machen, zum anderen, weil sie ihre Erfahrungen in Sachen Erziehung selbst machen müssen.

Ich finde es herrlich, erneut Kinder aufwachsen zu sehen, aber es ist auch eine große Erleichterung, sie abends wieder abgeben zu können und ruhige Nächte zu haben. Wie zu meinen Kindern habe ich auch zu meinen Enkeln ein großes Vertrauen. Ich packe sie nie in Watte und hocke auch nicht wie eine Glucke auf ihnen. Vor allem war mir immer wichtig, dass sie genug Luft bekamen – in jedem Sinn.

Nachdem Rosa mit drei Jahren in die Kita gekommen war, übernahm ich nahtlos die Betreuung ihres Bruders Anton. Anton war in meinen Augen immer ein besonders pflegeleichtes Kind. Er konnte mit Begeisterung stundenlang im Sandkasten sitzen und mit seinen Förmchen spielen. Ich muss gestehen, dass ich den Spielplatz selbst auch liebe. Ich setze mich gern zusammen mit den Kindern auf die Wippe oder schaukle mit ihnen auf dem Schoß gen Himmel.

Mit Antons Schwester Greta hatte ich es dagegen schon ein wenig schwerer. Sie ist mit einem extremen Dickkopf auf die Welt gekommen. Das hat sich auch bis heute nicht geändert. Es gab da schon großartige Szenen im Bikini-Haus in Berlin, einer ganz besonderen Shopping-Mall. Wir gehen dort gern in ein bestimmtes Café. Ich trinke einen Cappuccino, Greta bekommt ein Tässchen mit Milchschaum, Zimt und Kakaopulver, einen sogenannten Kinder-Cappuccino. Wenn es ihr auf dem Rückweg vom Einkaufszentrum zur U-Bahn nicht schnell genug ging, warf sie sich schon mal auf den Boden und zog die ganz große Show ab. Schreien, Schluchzen, Augenrollen, knallrote Bäckchen. Erst wenn sie genügend Zuschauer für ihr Spektakel hatte, wurde sie ruhiger. Ich schaute mir das Ganze immer sehr entspannt an. Ich wusste ja, dass sie sich wieder einkriegen würde und ein Schimpfen sie nur zusätzlich angestachelt hätte.

Über Anna...

„Oma Anna holt mich freitags immer vom Schwimmkurs ab. Dann darf ich mir am Automaten in der Schwimmhalle Lollis kaufen. Danach spielen wir dann bei ihr zu Hause mit dem Puppenhaus und den Mäusen. Die Oma ist nett, und am liebsten an ihr mag ich die Süßigkeiten. Und sie kann richtig leckere Spaghetti mit Tomatensauce kochen. Manchmal gehen wir auch zusammen Sushi essen. Das mit Orange in der Mitte mag ich am liebsten. "

Enkelin Greta, 5

Besonders mein ältester Sohn Johannes hat meine Begeisterung für eine richtig große Familie wohl von mir geerbt. Gemeinsam mit seiner Frau Nina hat er fünf wunderbare, muntere Kinder: Paul (11), Theo (7), Sophia (5), Hermine (3) und die kleine Wilma Rosi (9 Monate).

Hermine sollte ich genau wie ihre drei älteren Geschwister auch für eine Zeit betreuen. Ihre Mutter ist Ärztin und wollte relativ bald nach der Geburt wieder in ihren Job zurück. Hermine trägt den Namen meiner Mutter, und das ist wohl ein Zeichen. Denn wie in früheren Zeiten mit meiner Mutter hatten es auch die kleine Hermine und ich anfangs nicht leicht miteinander. Während alle anderen Enkel sehr gern zu mir kamen, wollte Hermine partout nicht bei mir bleiben. Sie schrie bereits fürchterlich, wenn sie mich nur sah. Auf Knopfdruck ging die Sirene los. Und keiner wusste so genau, warum sie sich wirklich vor mir ängstigte.

Hermine kam deshalb in die Kita zu ihrer älteren Schwester Sophia – und kaum ein halbes Jahr später hatte sich unser Verhältnis grundlegend gewandelt: Wir verstehen uns mittlerweile mehr als prächtig!

Für mich war die Kinderbetreuung als wichtige Entlastung meiner Schwiegertöchter gedacht. Sie haben alle lang studiert und hart daran gearbeitet, beruflich da hinzukommen, wo sie jetzt stehen, sodass ich sie von Herzen gern unterstützt habe. Denn ich weiß, wie schwer es für Mütter oft ist, nach einer längeren Babypause im Arbeitsleben wieder Fuß zu fassen. Ohne Unterstützung von außen und eine gute Organisation lässt sich ein anspruchsvoller Job heute mit Kindern kaum vereinbaren. Meine Schwiegertochter Nina beispielsweise bekam von einer ihrer ehemaligen Vorgesetzten in der Klinik die Frage gestellt: „Wollen Sie Chirurgin oder Mutter werden?" Das sagt wohl alles …

Hinzu kommt die im Alltag oftmals fehlende Wertschätzung gegenüber Müttern. Dass in der U-Bahn oder im Bus Menschen für eine Mutter mit Kind Platz machen, kommt außerordentlich selten vor. Wenn ich mit dem Kinderwagen unterwegs war und mal wieder an einer S- oder U-Bahn-Station mit defektem Fahrstuhl ausgestiegen bin, musste ich nicht selten viele lange Minuten unten an der Treppe warten. Meist sind es ältere Frauen und junge Männer um die 20, die von selbst anbieten zu helfen. Ganz schlecht ist es, einen Mann zwischen 40 und 60 um Hilfe zu bitten, die haben in der Regel alle „Rücken" …

Mir kommt es so vor, als hätte ich zu der Zeit, als meine Kinder klein waren, mehr Achtung erfahren. Ob es daran lag, dass wir in Lübeck, also in einer kleineren Stadt, lebten oder sich die Zeiten geändert haben, kann ich nicht sagen. Ich glaube eher, dass vielen Menschen das Einfühlungsvermögen und die Empathie für ihre Mitmenschen abhandengekommen sind. Sehr viele leben offensichtlich gnadenlos nach dem Motto „Me first".

Auch Mütter selbst erlebe ich manchmal als äußerst ichbezogen. Nach dem Motto „Lassen Sie mich durch, ich bin Mutter" parken sie ihren Kinderwagen mitten auf der Straße oder quer im Laden und machen sich scheinbar auch nicht nur ansatzweise Gedanken darüber, ob sie andere damit behindern.

Helikoptermütter gab es allerdings auch früher schon, das ist durchaus keine neue Erscheinung. Als meine Kinder klein waren, kannte ich einige Frauen, für die das Muttersein ihr einziger Lebensinhalt zu sein schien. Sie machten aus der Ernährung ihrer Kinder eine Wissenschaft, stellten aus Angst vor Schadstoffen möglichst alles selbst her und wollten auch andere Mütter nur allzu gern zu ihrer Ansicht bekehren.

Meine Schwiegertöchter erlebe ich in dieser Beziehung als recht gelassen. Sie achten natürlich auf die Ernährung ihrer Kinder, beginnen aber nicht bei jedem Gummibärchen oder Karamellbonbon eine Grundsatzdiskussion. Nina, Ilka und Madeleine sind einfach großartige Frauen, die es auf bewundernswerte Weise schaffen, den Spagat zwischen Familie mit Kindern und einem anspruchsvollen Job hinzukriegen. Freitags treffen wir uns immer alle bei mir zum Kaffeetrinken. Ich koche Kaffee und Tee, die drei bringen Kuchen mit. Und während wir herrlich erzählen, sitzen die Enkel im Spielzimmer und schauen sich Kinderfilme an. Das Ganze hat sich im Lauf der Jahre zu einem schönen Ritual entwickelt, das wir, denke ich, alle nicht mehr missen wollen.

Über Anna...

„Ich war gerade 30, frisch getrennt und hatte das Gefühl, ich würde nie wieder im Leben einen Mann kennenlernen. Doch dann kam plötzlich Johannes, der älteste Sohn von Anna, und ist mit seinem unwiderstehlichen, ihm ganz eigenen Charme in mein Leben eingebrochen, sodass ich völlig hin und weg war und es bis heute noch bin.

Zum ersten Mal gesehen habe ich Anna ein paar Tage später in der Studentenbude von Johannes. In seiner Einzimmerwohnung hingen einige Fotos der Familie, unter anderem ein Porträt von ihr bei einem ihrer Model-Jobs. Das wusste ich nur damals noch nicht. Auf diesem Foto schaut eine Frau mit kurzem weißem Haar, Perlenkette und hochgerecktem schlankem Hals streng an der Kamera vorbei. Bei dem Familiennamen ,von Rüden' ahnte ich Schlimmes …

Ich stellte mir Johannes' Mutter als eine disziplinierte, kühle und strenge Aristokratin vor, an der ich mir wohl ein bisschen die Zähne ausbeißen würde. Oder eher noch sofort bei der ersten Begegnung in Ungnade fallen würde. Johannes aber wollte mich so schnell wie möglich seiner Familie vorstellen, was ich so lang wie möglich versuchte hinauszuzögern. Die Hochzeit seines Bruders Wilhelm vermied ich noch, ich war zu schüchtern, um dort als Neuling reinzuplatzen.

Dann aber war es so weit: Ich betrat eine riesige Sechs-Zimmer-Altbauwohnung in der Mommsenstraße in Charlottenburg, dem feinen Westen der Stadt. Alle meine Klischees schienen sich zu bestätigen: Ich betrat eindeutig eine mir fremde Welt. Ich bin in Wannsee groß geworden, in einem Einfamilienhaus aus den 1980er-Jahren, und so etwas hatte ich bislang noch nicht gesehen. Am liebsten wäre ich rückwärts wieder hinausgestolpert. Aber da kam Anna, und das Bild veränderte sich mit einem Mal: Sie begrüßte mich ruhig und herzlich und so einladend, dass ich vom ersten Moment ein Gefühl von Willkommensein und Geborgenheit spürte.

Dieses Gefühl hat sich in den folgenden Jahren immer weiterentwickelt, ist zu einem echten Vertrauensverhältnis geworden, und ich sehe, dass das nicht nur für mich, sondern für alle Neuzugänge in der Familie gilt. Annas Lebensmittelpunkt ist die Familie, sie hat eine unglaubliche Art, für die Familie da zu sein und sie zusammen-

zuhalten. Nicht nur einmal hat sie zu mir gesagt, das Wichtigste im Leben seien für sie die Kinder. Das ist ein Satz, mit dem ich mich zu 100 Prozent identifizieren kann. Nie werde ich vergessen, wie Anna völlig unvermittelt anbot, auf unseren kleinen Sohn Paul aufzupassen, während ich nach dem Elternjahr in meinen Vollzeitjob in der Klinik zurückkehren sollte und wollte, um meine Facharztausbildung zu beenden. Wir liefen damals über den Ku'damm, sie schob den Kinderwagen mit Paul und sagte es so ernst, aber gleichzeitig so leicht und selbstverständlich, dass ich dachte: Weiß sie eigentlich, worauf sie sich da einlässt, jeden Tag von morgens bis abends ein einjähriges Kind, bei meinen Nachtdiensten und Überstunden? – Anna hat diese Zusage ein ganzes Jahr lang voll durchgezogen, ohne sich je anmerken zu lassen, wie anstrengend das gewesen sein muss, obgleich sie manches Mal doch recht müde aussah, wenn ich Paul abends abholte. Dafür liebt Paul, wie alle anderen Enkelkinder, seine Oma über alles. Und mir hat Anna durch diese uneigennützige und großartige Hilfestellung die Möglichkeit gegeben, meine berufliche Selbstverwirklichung zu erreichen.

Bemerkenswert finde ich dabei aber auch gerade den Umstand, dass Anna trotz ihrer Hingabe für die Familie ihre Arbeit als Model konsequent ernst nimmt und durchzieht. Wenn Anna zur Arbeit geht, geht sie zur Arbeit, dann steht sie für andere Dinge nicht zur Verfügung. Dieses Prinzip, eine klare Linie zu haben und sich daran zu halten, sich nicht vollständig vereinnahmen zu lassen und auch eine eigene kleine Nische für sich zu haben, finde ich bewundernswert.

Das passt auch zu ihrem Standpunkt, sich allen gegenüber neutral zu verhalten. Wie es in einer großen Familie nun mal ist, ist es auch in der Familie von Rüden eigentlich nie ruhig. Es passiert immer etwas, und des Öfteren gibt es auch Meinungsverschiedenheiten zwischen den einzelnen Familienmitgliedern, mal kleine, mal große. Anna beein-

flusst auf eine kaum wahrnehmbare, aber wirkungsvolle Art das Ge-
schehen. Nie würde sie sich offensiv einmischen, aber wenn sie gefragt
wird, kann man sich darauf verlassen, dass sie eine objektive Meinung
vertritt, unabhängig von ihrem Verhältnis zu den Beteiligten.

Etwas, was ich an Anna ebenfalls besonders schätze, ist ihre Art,
trotz eigener Meinung und Versuche, die Dinge subtil zu beeinflussen,
die Entscheidungen und das Handeln der anderen Seite zu akzeptie-
ren. Auch wenn sie vielleicht anderer Überzeugung ist, würde sie sich
nie enttäuscht abwenden oder einem die kalte Schulter zeigen. Sie
sagt ihre Meinung, aber sie lässt den Dingen trotzdem ihren Lauf und
begleitet sie, egal wie sie ausgehen. Das führt zum Beispiel dazu, dass
Johannes manchmal wochenlang keinen Kontakt zu seiner Mutter
hat – aber wenn ihn etwas ernsthaft drückt, sucht er den Weg zu
Anna, ebenso wenn er eine große Freude mit ihr teilen will.

Anna hat inzwischen elf Enkelkinder, und sie schafft es, jedem Kind
die gleiche Aufmerksamkeit und Liebe zu vermitteln. Und auch hier
staune ich: Unser Rabauke Theo hat großen Respekt vor Oma Annas
‚Nein‘, und unsere kleine anhängliche Hermine, die bei niemandem
bleiben würde, hat nach anfänglichem Fremdeln dann doch vor allen
anderen Menschen zuerst zu ihrer Oma Vertrauen gefasst und geht bei
ihr an der Hand, wenn Mama nicht verfügbar ist. Und Baby Wilma,
ganz der Vater, liebt seine Oma über alles.

Wir alle wohnen in derselben Stadt wie Anna und ich glaube, wir
wohnen hier nicht nur deshalb, weil es Berlin ist und es in Deutsch-
land keine großartigere Stadt gibt als diese – wir wohnen hier, weil
wir auch durch Anna hierhergehören. Keines von Annas vier Kindern
ist fortgezogen, obwohl die Familie in den Kindheitstagen einige Male
den Wohnsitz wechselte und sich die Kinder von daher doch eine ge-
wisse Ungebundenheit zu eigen gemacht haben könnten. Doch alle

sind in Berlin geblieben – weil Anna in Berlin ist. Welche Familie kann das schon von sich sagen?

,Schwiegermutter' ist ja ein eher zwiespältiger Begriff, bei dem einem oftmals als Erstes schwierige Verhältnisse, Spannungen und das Vermeiden von zu viel Nähe einfallen. Bei Anna ist es aber anders. Ganz anders. Darum würde ich für mich als Beschreibung, wie ich Anna persönlich sehe, den ersten Teil dieses Wortes einfach weglassen. Ich bewundere sie, aber vor allem hat sie es geschafft, dass ich mich bei ihr beinahe wie bei meiner eigenen Mutter fühlen kann."

Schwiegertochter Nina

Über Anna...

„Als ich Annas Sohn Richard lieben gelernt habe, wollte er recht schnell, dass ich seine Familie kennenlerne. Wir trafen uns das erste Mal an Annas Geburtstag, der in einem Café gefeiert wurde. Ich hatte ein bisschen Bammel vor dem Treffen mit der ganzen großen Familie. Doch alles verlief äußerst unkompliziert. Ich wurde an den großen Tisch gebeten und fühlte mich sofort eingebunden. Alle, besonders Anna, waren unglaublich herzlich zu mir. Ich hatte das Gefühl, als würde ich alle schon ganz lang kennen. Da ich als letzte Schwiegertochter in die Familie gekommen bin, musste ich erst mal gucken, wie ich da Fuß fassen konnte.

Ich wusste, dass sich alle Schwiegertöchter samt Enkeln freitags immer bei Anna treffen. Da ich damals selbst noch keine Kinder hatte, bin ich davor erst mal zurückgeschreckt. Doch Anna hat immer wieder aufs Liebevollste insistiert und mich wiederholt eingeladen.

Es ist ein großes Geschenk, eine Schwiegermutter wie Anna zu haben. Heute fühle ich mich voll integriert und komme inzwischen sehr gern an den Freitagen mit meinem Kind zu den Treffen. Während meiner Schwangerschaft mit Nicolas hat Anna immer angeboten, mit *mir spazieren zu gehen. Und als unser Kind dann auf der Welt war, hat sie es uns öfter abgenommen, damit wir mal wieder ins Kino oder ins Restaurant gehen konnten. Auf Anna kann man sich felsenfest verlassen, das ist sehr angenehm.*

Dennoch hat sie mir nie das Gefühl gegeben, dass sie in Sachen Kinder alles besser wüsste. Von ihr kommt vielmehr eine sanfte Unterstützung, sie mischt sich aber nie in unsere Erziehung ein oder bevormundet mich gar. Was ich ebenfalls nie gespürt habe, war eine Eifersucht seitens Anna. Sie hat sich wirklich vorbehaltlos und von Herzen gefreut, dass auch ihr jüngster Sohn jetzt eine ernsthaftere Beziehung hat.

Momentan sehe ich Anna öfter, als mein Mann Richard seine Mutter sieht. Bei unseren Freitagstreffen kommen die Frauen der Familie samt Enkelkindern zusammen, das ist ein richtig schönes Ritual. Uns ist es auch wichtig, dass sich die Kinder untereinander austauschen, damit sie merken, wie schön es ist, in einer Großfamilie aufzuwachsen. Die Kinder sind dann im Spielzimmer, das Anna extra für sie eingerichtet hat. Und wir Frauen trinken Tee oder Kaffee und essen Kuchen dazu. Der krönende Abschluss dieser Nachmittage ist dann immer eine wilde Pommes-Schlacht, die nicht nur die Kinder lieben …

Anna ist für mich nicht die klassische Schwiegermutter, die eine Generation über mir steht. Unser Verhältnis ist sehr freundschaftlich, und als Frau ist sie für mich ein großes Vorbild. Ich finde all das, was sie bisher erreicht und gemacht hat, absolut einmalig. Ich bewundere sie für ihren Mut und ihre unkonventionelle Art. Sie hat so viel Großartiges erreicht, dass ich meinen Hut vor ihr ziehe. Annas Geheimnis ist wohl, dass sie viele Dinge laufen lässt und nicht ihr ganzes Leben komplett durchstrukturiert. Sie ist weder festgefahren noch perfektionistisch, das mag ich sehr an ihr. Natürlich hat sie ihre Prioritäten, aber sie hat auch eine ganz wunderbare Leichtigkeit."

Schwiegertochter Madeleine

Über Anna…

„Ich bin die Schwiegertochter, die Anna am längsten kennt, und die Frau ihres zweitältesten Sohnes Wilhelm. Ich war 19, als ich Wilhelm 1997 kennenlernte. Bereits zwei Tage später stellte er mich seiner Mutter vor. Anna war damals junge 46, begrüßte mich ganz herzlich und lud mich gleich in ihre gemütliche große Wohnküche ein, in der bereits die halbe Familie versammelt war. Ich fühlte mich eigentlich von der ersten Minute an von der ganzen Familie akzeptiert.

1999 zogen Wilhelm und ich nach Berlin, Anna und ihr damaliger Mann Hans wohnten damals noch in Userin bei Neustrelitz. Fast jeden Samstag kamen die beiden nach Berlin, weil sie die Stadt einfach liebten. Ich traf mich häufig mit Anna zum Frühstück in Charlottenburg in einem der netten Cafés. Dabei waren unsere Gespräche die von Freundinnen, weniger die von Schwiegertochter und Schwiegermutter. Auf die Besuche von Anna freute ich mich immer sehr. Das Du bot sie mir allerdings erst viele Jahre später an, mit dem Satz:,Jetzt höre ich die Hochzeitsglocken läuten.' Das stimmte zwar zu dem Zeitpunkt noch gar nicht, dennoch fühlte ich mich natürlich geehrt.

2006 heirateten Wilhelm und ich, 2007 kam unser erstes Kind Rosa zur Welt. Anfangs hatte ich große Schwierigkeiten mit dem Stillen. Anna half mir dann mit ihrer ruhigen, praktischen Art, bis ich den Dreh endlich raushatte. Als ich eine schwere Brustentzündung mit hohem Fieber hatte, schlief sie sogar nachts bei uns.

Mein Mann und ich leiten eine Hausverwaltung, und auch beim Wiedereinstieg in den Job hat sie mich großartig unterstützt. Da wir ganz nah beieinander wohnten und auch unser Büro nicht weit weg war, brachte sie mir Rosa immer mehrmals am Tag zum Stillen. Das war äußerst praktisch und zugleich natürlich ein Riesenluxus für mich. Anna ist eine meiner engsten Freundinnen. Ich kann mit ihr über alles sprechen, mir ist auch nichts wirklich unangenehm vor ihr. Das war wohl auch früher bei ihren eigenen Kindern schon so. Wilhelm konnte in der Pubertät auch mit noch so intimen Fragen immer zu seiner Mutter kommen und hat sich dabei nie geschämt. So etwas ist wohl eher die Ausnahme. Die meisten Kinder meiner Generation mussten sich mithilfe von BRAVO & Co. ein Stück weit selbst aufklären. Als ich ganz frisch mit Wilhelm zusammen war, fiel mir auf, dass er für einen jungen Mann ungewöhnlich verantwortungsvoll und selbstverständlich mit dem Thema Verhütung von seiner Seite umging. Das kannte ich von anderen Männern anders. Ich habe Anna mal gefragt, wie sie das geschafft habe. Sie meinte dazu nur: ‚Ich habe meinen Kindern immer gesagt, dass das dazugehört wie Zähneputzen.'

Eine von Annas besten Eigenschaften ist ihre Gelassenheit. Sie ist nur schwer aus der Fassung zu bringen. Dabei ist sie aber auch kein selbstloses Seelchen, das sich jeden noch so engen Schuh klaglos anzieht. Sie kann auch kräftig schimpfen, wenn alles drunter und drüber geht. Und ich erinnere mich daran, dass sie, als ihre Jungs sich allzu heftig stritten, auch schon mal einen Schuh geworfen hat. Wohl auch, weil sie sich nicht traute, dazwischenzugehen.

Inzwischen treffen wir uns jeden Freitag in unserem Stammcafé ‚Manzini' in Charlottenburg, das genieße ich sehr. Am Nachmittag kommen dann immer die anderen Schwiegertöchter und Enkel zum Kaffeetrinken in Annas Wohnung, diese Freitagstreffen sind mittlerweile für uns alle ein schönes Ritual geworden.

Als Frau hat Anna in meinen Augen eine große Wandlung durchgemacht. Während ihrer Ehe trug sie ihre Haare sehr kurz, oft asymmetrisch geschnitten. Dazu kombinierte sie meist sehr klassische Outfits. Man könnte sagte, sie sah ihrem Alter entsprechend aus, *wenn nicht sogar älter. Nicht langweilig, aber auch nicht so, dass man sich auf der Straße nach ihr umgedreht hätte. Das ist heute anders. Nach der Trennung hat sie noch mal ein neues Leben begonnen. Sie hat sich gefunden und verwirklicht sich auf eine tolle Weise. Sie weiß genau, was sie will. Dadurch hat sie auch eine ungemein positive Ausstrahlung. Auch äußerlich hat sie sich sehr gewandelt. Ich finde, dass ihr langes, weißes Haar sie richtig mädchenhaft erscheinen lässt. Auch ihre Kleidung finde ich sehr lässig, und doch haben alle Stücke, die sie trägt, dieses ganz besondere Etwas.*

Sie ist ein Mensch, wie man ihn nicht zweimal im Leben trifft. Ich kann mir vorstellen, dass sie nicht nur für Frauen ihres Alters, sondern auch für deutlich Jüngere ein Vorbild ist.

Ganz besonders freue ich mich jedes Mal über ihre Abschiedsworte am Telefon. Dabei sagt sie immer zu jedem von uns: ‚Ich drück' dich feste.' Und das ist bei ihr keine Floskel, das kommt ganz tief aus ihrem Herzen."

Schwiegertochter Ilka

Wenn ich sie heute so alle vor mir sehe, meine Kinder, meine Schwiegerkinder und meine Enkel, dann muss ich häufig auch an meine eigene Kindheit denken, damals in den 1950er-Jahren in Bottrop. Natürlich war meine Kindheit ganz anders und sehr viel entbehrungsreicher als die meiner Kinder und Enkelkinder heute. Dennoch empfand ich sie als sehr schön. Meine Eltern und Großeltern hatten den Zweiten Weltkrieg alle mehr oder weniger unbeschadet überstanden. Wirtschaftlich ging es langsam wieder aufwärts – und für mich war mein erstes Zuhause in der grauen Industrielandschaft des Ruhrgebiets ein kleines Paradies. Dazu haben vor allem meine wunderbaren Großeltern beigetragen, die ich von ganzem Herzen geliebt habe.

oto aus der ersten erfolgreichen – aber kurzen – Model-Karriere

Immer spaßig: unterwegs mit zwei der elf Enkelkindern

I. Anfangen

Paradies unter qualmenden Schloten

Ein wuchtiger, schwarzer Hut mit einem zarten Tüllschleier auf meinem kleinen Kopf. Dieses Bild ist für mich das wohl eindrucksvollste meiner Kindheit. Vielleicht weil es am besten für all das steht, was ich schon als kleines Mädchen war und bis heute bin: mutig, entschlossen, dickköpfig und immer auch ein wenig gegen den Strom schwimmend. Diese Eigenschaften haben mir geholfen, relativ unbeschadet durchs Leben zu gehen. Wieder aufzustehen, selbst wenn der Sturz mal ein bisschen heftiger war. Und auch in Krisen über etwas zu verfügen, was mich auffängt und trägt.

Es war Allerheiligen, und wir wollten mit der ganzen Familie zum Grab meiner Urgroßeltern gehen. Ich war sechs, liebte diesen schönen, aber riesigen, schwarzen Hut mit Tüllschleier, der meiner Großmutter gehörte, und ich bestand darauf, ihn auf dem Weg zum Friedhof zu tragen. Meine Großmutter war einverstanden, mein Großvater fand das furchtbar albern und schämte sich vermutlich ein bisschen für meinen seltsamen Auftritt bei dem Weg durch den ganzen Ort. Ich bekam meinen Willen, lief mit meinem viel zu großen Hut auf dem Kopf vor der Gruppe her – und war unendlich stolz. Weil ich mich durchgesetzt hatte und mich trotz meines jungen Alters geachtet und ernst genommen fühlte. Zwei Stunden später waren wir wieder zu Hause, es gab Kaffee, Kakao und selbst gebackenen Apfelkuchen. Ich saß bei meinem Großvater auf dem Schoß, durfte ihn mit Kuchen füttern und war selig. Da war kein Groll zu spüren, er trug mir meinen seltsamen Auftritt nicht nach. Durch sein Verhalten signalisierte er mir: Ich werde angenommen und geliebt. So, wie ich bin. Mit all meinen Ecken und Kanten.

I. Anfangen

Meine Kindheit habe ich im tiefsten Ruhrpott verbracht, in Bottrop. Dort lebte ich in meinen ersten Lebensjahren gemeinsam mit meinen Eltern bei meinen Großeltern. Überhaupt, meine Großeltern, für mich war das Leben dort wirklich das Paradies auf Erden ...

Die beiden wohnten in einem wunderschönen Haus aus den 1930er-Jahren mit einem riesengroßen Garten am Stadtrand von Bottrop. Das Haus war nicht groß, aber urgemütlich. Im ersten Stock gab es zwei Zimmer. In dem einen stand eine Kommode mit einem Waschtisch aus Marmor. Darauf lagen ab Herbst immer Äpfel zum Überwintern. Ich erinnere mich noch genau, dass das ganze Haus vom Duft dieser aromatischen Äpfel erfüllt war. Man roch es sofort, wenn man unten zur Tür hereinkam. Im Schlafzimmer meiner Großeltern stand ein herrliches, großes, schwarzes Eichenbett, dazu gab es einen passenden Eichenschrank mit einem ovalen Spiegel, umrankt von geschnitzten Rosen. Ich konnte stundenlang vor diesem Spiegel stehen und die verschiedenen Hüte meiner Großmutter Anna aufprobieren. Das Schönste aber war für mich die wunderbare Bettwäsche, auf die meine Großmutter allergrößten Wert legte. Sie war im Sommer aus Leinen und im Winter aus Damast, stets gebügelt, und hatte schöne Volants, an denen ich als kleines Mädchen gern mit meinen Fingern herumknibbelte. Die Bettwäsche duftete immer zart nach Lavendelseife, die meine Großmutter zwischen die einzelnen Teile im Schrank gelegt hatte.

Meine Großeltern waren übrigens ein Herz und eine Seele. Großvater Wilhelm trug seine Anna auf Händen, dennoch waren sie miteinander auf Augenhöhe. Sie kannten sich seit ihrer Schulzeit, und meine Großmutter hatte sich schon sehr früh in meinen Großvater verliebt. Sie hatte ihn mit zwölf auf dem Schulhof gesehen und sofort gewusst: Diesen Mann werde ich heiraten. Ein paar Jahre später, mit 16, versuchte er dann auszubüxen und wollte mit dem Schiff nach Amerika fahren. Sie holte ihn damals buchstäblich von diesem Schiff herunter – und seitdem waren sie zeit ihres Lebens zusammen. Beide gingen sehr liebevoll miteinander um, waren sich aber auch ebenbürtig – das unterschied sie für mich wohltuend von der nicht immer ganz einfachen Beziehung meiner Eltern.

Ein eigenes Zimmer hatte ich bei meinen Großeltern nicht, ich brauchte auch gar keines. Denn schlafen konnte ich am allerbesten zwischen den beiden. Dort fühlte ich mich gut geborgen. Meine Großmutter war rund und gemütlich, sie wirkte auf mich immer wie eine heiße Teekanne, die ganz viel Wärme spendet. Noch dazu hatte sie immer warme Füße, was bei Frauen eher selten vorkommt. Das war ein wahrer Segen, denn das Schlafzimmer ließ sich nicht heizen, und im Winter blühten oftmals Eisblumen an den Fensterscheiben. Wenn ich manchmal zitternd vor Kälte ins Bett geschlüpft kam und meine kalten Füße für ein paar Minuten an denen meiner Großmutter wärmte, war das wie am Bollerofen.

Wir schrieben die 1950er-Jahre, die Zeit des sogenannten Wirtschaftswunders. Im Ruhrgebiet rauchten die Schlote, in Metropolen wie Essen waren die Schaufenster wieder voll und die Arbeitslosigkeit nahm mit jedem Jahr ab. Trotz des Aufschwungs war unsere Region grau. Grau der Himmel, grau die Hausfassaden und grau die Gesichter der Menschen, die wie mit einer feinen Ascheschicht überzogen wirkten. Wie viele unserer Nachbarn lebten auch wir in eher bescheidenen Verhältnissen.

I. Anfangen

Dennoch hatte ich nicht das Gefühl, dass die Menschen unzu-
frieden waren mit dem wenigen, das sie besaßen. Ich erinnere
mich eher an ein Gefühl der Lebenslust, die Hilfsbereitschaft
und den Neubeginn. Vermutlich war diese kontrastreiche
Zeit für Menschen, die die Welt in Trümmern gesehen hatten,
schlichtweg das Paradies. Vor Kurzem blätterte ich in einem
Bildband aus den 1950er- und 1960er-Jahren und konnte mich
gleich in jene Zeit zurückversetzen. Weiße Wäsche auf der Leine vor einem bleigrauen Himmel. Kinder mit schmutzigen Ge-
sichtern, die mit selbst gebastelten Puppen spielten, und dazu
als Kontrastprogramm eine mondäne Dior-Modenschau in der
Villa Hügel oder Fleischtheken, die vom üppigen Angebot fast
überquollen.

Meine Großeltern konnten die neue Zeit besonders genießen, schließlich waren sie schon im Ruhestand. Mein Großvater
hatte als Bergmann gearbeitet, meine Großmutter war gelern-
te Köchin und hatte nach dem Krieg öfters für jeweils drei bis
vier Monate in Holland gearbeitet, während mein Großvater zu
Hause blieb. In Holland war die Inflation deutlich niedriger als
in Deutschland, so konnte sie mehr Geld nach Hause schicken.
Ihre Leidenschaft zum Kochen lebte sie auch im Ruhestand
aus. Keiner konnte so gut Tomatensuppe aus der Ernte aus dem
eigenen Garten kochen wie sie, und ich bedaure es bis heute,
dass ich sie niemals nach ihrem Rezept gefragt habe. Ein Teil
des Geheimnisses waren wohl eine Prise Zucker und etwas Ker-
bel – aber das kann nicht alles gewesen sein.

In unserem Garten wuchsen Unmengen an Früchten: saftige
Brombeeren, zuckersüße Erdbeeren, tiefdunkle schwarze Jo-
hannisbeeren, aromatische Sauerkirschen und Blaubeeren, die
noch richtig nach Blaubeeren schmeckten. Zur Erntezeit durfte

ich meinem Großvater immer im Garten helfen. Klar, dass dabei auch jede Menge der köstlichen Früchte in meinem Mund landeten. Die Spezialität meiner Großmutter war es, aus diesen Früchten Obstwein zu machen.

Der zweitschönste Ort im Haus war – neben dem Bett meiner Großeltern – der Keller. Während andere Kinder sich vor dunklen Kellern fürchteten, ging ich für mein Leben gern dort hinunter. Denn hier standen nicht nur riesige Mengen Gläser mit leckerer selbst gemachter Marmelade und süßsauren Gurken, von denen ich auch immer naschte, sondern hier gluckerten auch die gärenden Obstweine in großen Glasballons lustig vor sich hin. Und da meine Großeltern in der Hinsicht relativ unaufgeregt waren, durfte ich, wenn Besuch kam, schon als Kind immer ein Schlückchen mittrinken. Der Schwarze-Johannisbeer-Wein war mein erklärter Favorit. Ich leckte mein winziges Schnapsglas immer bis zum allerletzten Rest aus.

Meine Großeltern besaßen keine Reichtümer, trotzdem musste ich bei ihnen nie darben. Obst und Gemüse kamen aus dem eigenen Garten, und beim Fleisch legte meine Großmutter großen Wert auf Qualität. Sie ging nur zu einem bestimmten Metzger im Ort und suchte sich das Stück, das sie haben wollte, immer sehr sorgfältig aus. Das waren oft lange Einkäufe, nicht unbedingt zur Freude des Metzgers.

Diese Einstellung, sich beim Essen nicht mit dem Erstbesten zufriedenzugeben, habe ich wohl von ihr geerbt. Ich fahre für meinen Lieblingskäse auch lieber durch die halbe Stadt zu einem ganz bestimmten Laden, als zum Supermarkt um die Ecke zu gehen. Diesen Käse esse ich dann allerdings auch mit ganz besonderem Genuss.

I. Anfangen

Meine Eltern haben die ersten anderthalb Jahre mit mir im Haus meiner Großeltern gelebt und sind dann nach Grafenwald, ein sechs Kilometer entferntes Dorf, gezogen. Ich durfte bis zur Einschulung in meinem kleinen Paradies bleiben – was für mich ein großes Glück war. Meine Mutter kam zwei- bis dreimal pro Woche mit dem Fahrrad zu Besuch. Ich erinnere mich, dass ich mich weder übermäßig freute, wenn sie ankam, noch besonders traurig war, wenn sie wieder abfuhr.

Statt mich täglich in einem Kindergarten abzuliefern, zeigte mir mein Großvater lieber die Welt. Ausgestattet mit belegten Broten von meiner Großmutter, Apfelsaft für mich und dem obligatorischen Flachmann für meinen Großvater, zogen wir frühmorgens zu zweit los. Ich lief an der Hand meines Großvaters wie eine kleine Dame, wir trafen viele ältere Herren, erzählten, tranken Kaffee, machten Picknick zwischendurch – und ich war einfach nur glücklich. Zudem war ich richtig stolz auf meinen Großvater und fand ihn unglaublich toll. Schon optisch unterschied er sich deutlich von den befreundeten Rentnern, mit denen er sich immer traf. Während die anderen in beigen Staubmänteln, Anoraks oder grauen Anzügen spazieren gingen, trug er Glatze und dazu eine schicke dunkelblaue Caban-Jacke nach Matrosenart. Noch dazu groß und schlank, war er das, was man heute einen echt smarten Typ nennen würde. Er stellte einfach etwas dar und strahlte eine besondere Würde aus. Meine Großmutter sagte damals immer scherzhaft: „Dem Wilhelm gucken immer viele Frauen hinterher."

Meinen Großvater und mich verband eine innige Liebe. Er nannte mich zärtlich „Annamirl" und hätte wohl alles für mich getan, um mich glücklich zu sehen. So hatte er für mich in mühevoller Kleinarbeit über Wochen an einem Puppenhaus aus

Holz gewerkelt. Und im Jahr darauf stand plötzlich ein selbst gemachter Kaufmannsladen mit allem Drum und Dran als Geschenk unter dem Weihnachtsbaum.

Noch herrlicher als die Spaziergänge mit ihm waren die gemeinsamen Nächte vor dem Fernseher. Wir gehörten zu den Ersten in der Straße, die überhaupt ein solches Gerät hatten. Mein Großvater war sehr sportbegeistert, und ich ließ mich von ihm anstecken. Ich liebte es, mit ihm nachts aufzustehen und Boxkämpfe in den USA anzusehen. Meine Großmutter hatte uns vor dem Zubettgehen ein paar Schnittchen samt Gewürzgürkchen in die Küche gestellt, somit waren wir bestens versorgt. Ein Highlight für mich war die Winterolympiade 1956 in Cortina d'Ampezzo. Daran kann ich mich erinnern, obwohl ich erst fünf Jahre alt war. Mein Großvater war ein großer Fan des österreichischen Skirennläufers Toni Sailer. Und so jubelte ich begeistert mit, als dieser dort gleich mehrere Goldmedaillen gewann. Und genau wie mein Großvater schwärmte ich für den großen Leichtathleten Emil Zatopek. Er hatte einen ganz besonderen, eher unorthodoxen Laufstil, der alles andere als elegant war. Aber er war damit erfolgreich. Natürlich blieb das alles unter uns, meine Eltern haben nie etwas von unseren nächtlichen „Sportstunden" erfahren …

Der Ernst des Lebens

Leider hatte das wunderbare, unbeschwerte Leben bei meinen Großeltern irgendwann ein Ende. Ich war fünf und sollte bald eingeschult werden. Die Grundschule lag im Wohnort meiner Eltern – und so musste ich schweren Herzens umziehen.

I. Anfangen

Der Ernst des Lebens begann für mich von da an im doppelten Sinn. Es fiel mir unendlich schwer, mein Zuhause bei meinen Großeltern zu verlassen. Unter Tränen packte ich gemeinsam mit meiner Großmutter meine Spielsachen und meine Kleidung zusammen und wünschte mir insgeheim, die Grundschule in Grafenwald möge doch einfach über Nacht abbrennen. Für mich waren die sechs Kilometer, die das Haus meiner Großeltern von der Wohnung meiner Eltern trennte, damals unüberbrückbar. Es fuhr kein Bus, und ein Fahrrad hatte ich zu jener Zeit noch nicht. Ich hatte besonders Angst vor dem Verlust der Unbeschwertheit, die mein Leben bei meinen Großeltern ausmachte. Vor den Osterferien im April 1957 war es dann so weit. Ich hatte gerade meinen sechsten Geburtstag gefeiert, musste das schöne Haus in Bottrop verlassen und fand mich in einem echten Dorf wieder. Grafenwald war wirklich plattestes Land, die Bewohner wirkten auf mich auch provinzieller als in Bottrop, und ich war dementsprechend unglücklich. Kinder gab es ebenfalls kaum welche in Grafenwald – und die wenigen waren Jungs. So lernte ich dann wohl oder übel Fußballspielen, mit meiner Puppenstube oder dem Kaufmannsladen konnte ich hier nicht groß punkten. Erstaunlicherweise hatte ich dann doch Spaß am Fußballspielen, und nach kurzer Zeit war ich voll integriert. Meine Fußballkünste haben die Jungs offenbar auch überzeugt, denn ich durfte bereits nach kurzer Zeit als Innenverteidiger spielen. Vermutlich auch deshalb, weil ich damals schon recht groß war …

Gewohnt haben wir in Grafenwald recht schön. Verwandte von uns besaßen ein geräumiges, rotes Klinkerhaus im Ort. Sie lebten im Erdgeschoss, meine Eltern und ich bewohnten die obere Etage. Ich mochte meinen Onkel und seine Frau sehr.

Und auch wenn das Verhältnis zu ihnen natürlich nicht so innig war wie das zu meinen Großeltern, machten sie mir mit ihrer fröhlichen Art das öde Dorfleben ein wenig erträglicher. Sie hatten, im Gegensatz zu meinen Eltern, sehr viel Zeit für mich und strahlten eine wohltuende Ruhe aus, was ich sehr genoss. Mein Onkel Klemens war ein äußerst gemütlicher Typ, der tagaus, tagein dieselbe Kleidung trug: einen grauen Arbeitskittel, dunkelblaue Hose und karierte Filzhausschuhe. Ich weiß nicht, ob er dieses Outfit mehrfach besaß, aber ich habe ihn nie anders als so gesehen.

Er war für jeden Spaß zu haben. So ließ er sich von mir stundenlang geduldig die Haare „frisieren". Meine Spezialität war das Färben mit Zigarrenasche, die ich ihm mit einem großen, silbernen Kamm ins nasse Haar kämmte. Er war leidenschaftlicher Raucher, wahrscheinlich liebe ich deshalb bis heute den Duft von guten Zigarren. Es gibt in Berlin im Savoy-Hotel eine Zigarrenbar im traditionellen Stil, dort könnte ich jeden Tag sitzen und den Zigarrenrauch einatmen, auch wenn ich selbst schon lang nicht mehr rauche. Und immer wenn ich dort von Zeit zu Zeit mit einer Tasse Kaffee oder Tee sitze, muss ich an Onkel Klemens denken. Auch seine Frau, meine Tante Lisken, hatte ich so richtig gern. Sie war eine typische Hausfrau ihrer Zeit, rundlich und gemütlich mit rosigen Wangen, einer Kittelschürze und sehr viel rheinischem Humor. Sie konnte fantastisch kochen, noch besser aber konnte sie backen. Ihre Favoriten waren Streuselkuchen mit Sauerkirschen, Frankfurter Kranz mit Buttercreme und Schwarzwälder Kirschtorte. Besonders geliebt habe ich aber ihr Berliner Brot, das sie immer zur Weihnachtszeit backte, eine Gebäckspezialität aus dem Bergischen Land mit Schokolade, Haselnüssen und Mandeln. Manche mögen es weich, andere hart, dann ähnelt es ein wenig den italienischen Cantuccini. Aber ob so oder so – in diesen Keksen hätte ich baden können.

Leider war die kurze Schonzeit der Ferien irgendwann vorüber, und ich wurde Mitte April eingeschult. An meinem ersten Schultag begleiteten mich meine Mutter und meine Großmutter. Väter gingen damals nicht mit zur Einschulung. Seltsamerweise gibt es keine Fotos von diesem Tag, und ich glaube, dass ich nicht mal eine Schultüte hatte. Weiß der Teufel, warum...

Meine Mitschüler waren alle recht nett, lediglich mit meiner Klassenlehrerin hatte ich ein wenig Pech. Fräulein Hennebach war eine erzkatholische Frau, die selten lachte und in ihren grauen, braunen und dunkelblauen Kleidungsstücken noch unscheinbarer wirkte, als sie ohnehin schon war.

Das Lernen bei ihr war kein Spaß, und ich erinnere mich daran, dass sie zumindest in der ersten Klasse auch Schläge ausgeteilt hatte. Wenn jemand unaufmerksam war oder mit seinem Nachbarn tratschte, eilte sie wie eine Furie auf ihn zu und schlug ihm wortlos mit der flachen Hand ins Gesicht oder zog ganz gemein an den Ohren, was beides gleich schmerzhaft war. Meinen Eltern gefiel das überhaupt nicht. Sie hatten mir eingeschärft, es ihnen sofort zu sagen, wenn auch ich mal Opfer der unbeherrschten Lehrerin würde. Glücklicherweise hat es mich nie getroffen.

Abgelöst wurden die Strafen irgendwann durch ein nicht weniger demütigendes Ritual. Wer etwas falsch gemacht hatte, musste sich oft eine ganze Schulstunde lang, mit dem Rücken zur Klasse, in eine Ecke stellen und sich schämen. Ich stand nicht selten dort und habe das alles nie verstanden. Ebenso wenig regte mich das In-der-Ecke-Stehen wirklich zum Nachdenken an. So ließ ich diese Strafe relativ emotionslos über mich ergehen.

Auch bei der Bekleidung ihrer Schüler hatte meine katholische Schule ganz klare Richtlinien, auf deren Einhaltung Fräulein Hennebach streng achtete. Wenn ich im Winter wegen der Kälte zum Rock zusätzlich noch mit einer Hose bekleidet zur Schule lief, musste ich in der Schultoilette erst mal die lange Hose ausziehen. Denn Fräulein Hennebach duldete in ihrer Klasse nur Mädchen im Rock. Wer sich an besonders eisigen Tagen, an denen es auch im Klassenzimmer alles andere als warm war, nicht daran hielt, konnte gleich wieder nach Hause gehen und bekam einen Eintrag ins Klassenbuch. Apropos Kälte: Mein täglicher Schulweg war lang. Ich lief morgens 40 Minuten zur Schule und am Nachmittag dieselbe Strecke wieder zurück. Leider wohnten wir so abgelegen, dass es keine Mitschülerin gab, mit der ich den Weg hätte gemeinsam laufen konnte.

Obwohl ich mit Fräulein Hennebach so richtig auf Kriegsfuß stand, gab sie mir doch etwas Entscheidendes für mein Leben mit. Bei ihr lernten wir das wunderbare Gedicht „Herr von Ribbeck auf Ribbeck im Havelland" von Theodor Fontane, das für mich bis heute eine ganz besondere Bedeutung hat. Es strahlt für mich die große Hoffnung aus, dass trotz Widrigkeiten, Geiz und Bosheit das Gute immer Bestand hat und eine Saat, die man einmal im Leben gesetzt hat, auch über den Tod hinaus immer wieder aufgeht, an uns erinnert und andere glücklich machen kann.

Trotz alledem kann ich nicht behaupten, wirklich ungern zur Schule gegangen zu sein. Ich habe die Zeit dort einfach als gegeben hingenommen. Aber immer wieder sehnte ich mich nach dem Paradies bei meinen Großeltern zurück.

I. Anfangen

Irgendjemand muss dann noch ein bisschen Einsehen mit meinem Schicksal gehabt haben, denn eines Tages war Fräulein Hennebach glücklicherweise Geschichte, und ein sehr netter junger Referendar übernahm unsere Klasse. Von einem Tag auf den anderen ging die Sonne auf! Er war fröhlich, und sein Religionsunterricht war geprägt von Menschlichkeit und Lebensfreude, nicht wie bisher von Sünde und Buße. Vermutlich waren wir Mädchen auch alle ein klein wenig in ihn verliebt...

In der zweiten Klasse bekam ich eine neue Banknachbarin, Carola. Sie hatte feuerrote Haare, Sommersprossen und war auf liebenswerte Weise frech, laut und ungebändigt. Das gefiel mir, wir verstanden uns auf Anhieb und wurden schnell dicke Freundinnen. Ihr Vater war Stadtförster von Grafenwald und Bottrop, sie hatte drei ältere Geschwister und war mir deshalb in Sachen Lebenserfahrung und Entwicklung deutlich voraus. Am liebsten zogen wir im angrenzenden Wald herum, bauten Hütten oder suchten Fährten. Besonders schön waren aber unsere Aufräumarbeiten der besonderen Art. Carolas Vater betrieb im Wald einen Schießstand, von dem aus man auf Tontauben schießen konnte. Meine Freundin und ich durften dann, wenn nicht geschossen wurde, alle Tonteller im Wald aufheben, die noch ganz waren. Für jeden Teller gab es fünf Pfennig – das war ein ordentliches Zubrot zum relativ kargen Taschengeld, das ich von meinen Eltern bekam.

Ich muss gestehen, dass ich viel lieber bei Carola zu Hause war, als dass ich sie zu uns einlud. Bei ihr war es einfach spannender. Außerdem stand ich dort nicht unter Beobachtung wie bei uns zu Hause. Da das Försterhaus in der Nähe lag, gingen Carola und ich morgens auch zusammen zur Schule und kehrten am Nachmittag zusammen wieder heim.

Als ich in die dritte Klasse kam, kündigte sich in unserer Familie Nachwuchs an. Meine Mutter war überglücklich, da sie vier Jahre zuvor ein Kind im neunten Monat verloren hatte. Selbst sprach sie nie darüber, meine Großmutter hatte es mir gegenüber jedoch einmal angedeutet. Für meine Mutter muss das sehr schlimm gewesen sein, aber sie litt stumm, wie es nun mal ihre Art war. Große Emotionen suchte man bei ihr vergeblich.

Perfektion…

Wie bei vielen Müttern und Töchtern war auch die Beziehung zu meiner Mutter Hermine in meiner Kindheit und Jugend nicht ganz einfach. Heute empfinde ich sie als Urgestein – im positiven Sinn. Mit ihren 92 Jahren ist sie immer noch stark am Weltgeschehen interessiert, setzt sich intensiv mit dem Thema Religion auseinander und diskutiert immer wieder gern mit Freundinnen und Nachbarn. Heute weiß ich: Sie hat mir Hartnäckigkeit und Ehrgeiz mit auf den Weg gegeben. Und dafür danke ich ihr von Herzen. Wenn ich mir etwas in den Kopf gesetzt habe, ziehe ich das auch durch. Dann entwickele ich Kräfte, die mich an meine Grenzen bringen, aber auch stolz machen. Genau wie sie. Meine Mutter ist das Kind der Großeltern, bei denen ich in Bottrop gelebt habe. Er war ein einfacher Bergmann, meine Großmutter Köchin. Ihre Tochter Hermine wuchs irgendwann intellektuell deutlich über die Eltern hinaus. Sie war eine sehr gute Schülerin, und die Lehrer rieten meinen Großeltern, sie unbedingt aufs Gymnasium zu schicken. Auch das absolvierte sie mit Bravour und konnte dann sogar ein Lehramtsstudium beginnen. Für eine Frau ihrer Generation war das eher ungewöhnlich. Ich erinnere mich daran, dass meine Großmutter neben ihrer Tätigkeit als Köchin immer noch etwas Geld dazuverdiente, um ihrer Tochter diese Ausbildung zu ermöglichen.

Heute telefoniere ich zwei- bis dreimal am Tag mit meiner Mutter. Dabei fordert sie meine hundertprozentige Aufmerksamkeit, was oft ganz schön anstrengend ist. Sie kann nicht mehr gut laufen, hat vor einigen Jahren ihren Führerschein abgegeben und verbringt daher viel Zeit zu Hause. Für sie bin ich ein bisschen ihr Kontakt zur Außenwelt. Glücklicherweise wohnt sie nach wie vor in Grafenwald und ist dort fest verwurzelt, kennt Gott und die Welt und hat viele hilfsbereite Nachbarn, die sofort zur Stelle sind, wenn sie mal Unterstützung braucht. Das macht es einfacher, und ich kann ruhiger schlafen.

Einmal im Monat besuche ich sie und meine Schwester in Grafenwald. Das ist ein inzwischen von uns allen lieb gewonnenes Ritual. Wenn ich meine Mutter begrüße, nehmen wir uns inzwischen auch sehr herzlich in den Arm und drücken uns. Dennoch gibt es zwischen ihr und meiner Schwester eine ganz andere Körperlichkeit, eine größere Nähe. Das hat sich seit meiner Kindheit nicht verändert. Unser Verhältnis heute ist bedeutend besser als früher. Sie akzeptiert mich mittlerweile so, wie ich bin – und umgekehrt.

Das war nicht immer so. Wir hatten nie ein klassisches Mutter-Kind-Verhältnis, Zärtlichkeiten zwischen uns gab es nicht. In meiner Kindheit lebte ich scheinbar auf einem anderen Planeten als meine Mutter. Sie blieb mir in vielen Dingen fremd. Von Beruf war sie Lehrerin und als solche äußerst diszipliniert. Bis zu meinem 14. Lebensjahr blieb sie zu Hause – und ich stand praktisch permanent unter ihrer Kontrolle. Meine Hausaufgaben musste ich immer zu ihrer vollsten Zufriedenheit erledigen. Da war sie gnadenlos. Ich persönlich hätte die Arbeit für die Schule lieber auf ein Minimum reduziert, um mich mit Freunden zu treffen oder einfach das Leben zu genießen.

Im Gegensatz zu ihrer tadellosen Lehrerinnenrolle nahm sie es dagegen mit der Hausarbeit nicht so genau. Viel lieber vergrub sie sich stundenlang in ihre Bücher auf dem Liegestuhl im Garten oder auf dem Sofa. Sie war dann in einer anderen Welt und für mich nicht ansprechbar. Meine Mutter war damals Mitglied im Bertelsmann-Lesering und wartete Anfang des Monats immer schon sehnsüchtig auf ihr dickes Paket mit neuen Büchern. Und wenn ihr doch mal der Lesestoff ausging, dann half mein Großvater aus. Er hatte eine große Bibliothek, in der sie für ihr Leben gern stöberte. Besonders Biografien hatten es ihr angetan – über die Leben von Stalin über Kleopatra bis Jeanne d'Arc hat sie alles verschlungen. Noch heute sagt meine Mutter oft, dass sie in ihrem nächsten Leben als Bibliothekarin auf die Welt kommen möchte …

Als Jugendliche hatte ich oft den Eindruck, dass sie ohne Kinder vielleicht glücklicher gewesen wäre und es insgeheim bereute, zwei Kinder bekommen zu haben. Wenn ich mal nicht so funktionierte, wie sie es gern gehabt hätte, lautete ihr Kommentar jedes Mal: „Ich wünsche dir nur eine Tochter, die so ist wie du." Das war sicher nicht als Kompliment gemeint …

Während sich zahlreiche Mütter weltweit vor einigen Jahren unter dem Motto „Regretting Motherhood" als unfreiwillige Mütter outeten, durfte man solche Gedanken damals nicht äußern. Das war mehr als ein Tabu, das kam schon einer Todsünde gleich. Für die Emotionen, die Streicheleinheiten und die Wärme war eindeutig meine Großmutter zuständig, und ich habe heute manchmal das Gefühl, dass meine Mutter auf sie ein ganz klein wenig eifersüchtig war. Sie hat das nie direkt geäußert, aber ich habe es öfter an ihren Blicken und Gesten gespürt.

... und Unvollkommenheit

Mein Vater war der Ruhepol der Familie, versuchte immer auszugleichen und zu vermitteln. Meine Mutter nannte ihn einmal den „friedfertigsten Menschen, den ich kenne". Das sagt eigentlich alles. Es brauchte wirklich sehr lang, bis er mal aufbrauste. Man musste ihn schon unglaublich reizen, damit er wie ein HB-Männchen an die Decke ging. Er war einfach ein herzensguter Mensch. Dazu fällt mir ein Schlüsselerlebnis ein, das sich jedes Jahr vor Weihnachten wiederholte. Mein Vater war für den Christbaumkauf zuständig. Jedes Jahr kam er mit einem Baum nach Hause, den garantiert niemand anders haben wollte: schief, asymmetrisch, klein und dick oder mit krummer Spitze. Meine Mutter regte sich Jahr für Jahr über seine schlechte Wahl auf. Und mein Vater entschuldigte sich immer damit, dass er einfach Mitleid mit dem unperfekten Baum gehabt hätte. Natürlich weiß ich heute, dass es bei all dem nicht nur um den Baum ging. Es war vielmehr ein Sinnbild dafür, dass bei ihm im Gegensatz zu meiner Mutter nicht alles vollkommen sein musste. Auf seine Weise hat er ihr das wohl damit zeigen wollen.

Mein Vater hatte ein großes Maß an Gelassenheit, was mir sehr entgegenkam. Ich erinnere mich noch daran, dass meine Großmutter mich einmal dabei erwischte, wie ich vor der Haustür einen Jungen zum Abschied küsste. Obwohl sie sonst immer recht tolerant war, konnte sie in solchen Dingen sehr prüde sein. Da hörte für sie der Spaß auf, und sie erzählte das Ganze sofort meinen Eltern. Mein Vater blieb allerdings ganz ruhig, als er das hörte. Als meine Großmutter außer Hörweite war, meinte er zu mir: „Jetzt kannst du dir ungefähr vorstellen, wie schwer ich es hatte, als ich deine Mutter kennenlernte." Dazu muss man wissen, dass mein Vater sehr liberal aufgewachsen war, was in seiner Generation bei Jungen natürlich häufiger der Fall war als bei Mädchen.

Seine Großmutter bot ihm schon mit sieben Jahren Zigaretten an und sagte, dass er davon vier Stück am Tag rauchen dürfe. Aus heutiger Sicht natürlich überhaupt nicht pc ...

Zu den ganz besonderen Eigenschaften meines Vaters gehörten sein Humor und die Fähigkeit, mit einer gewissen Leichtigkeit durchs Leben zu gehen. Was gerade für Menschen der Kriegsgeneration, der er angehörte, sicher nicht immer einfach war. Er wurde 1925 geboren, musste bereits mit 17 zum Militärdienst und an der Ostfront in der Nähe von Nowosibirsk kämpfen. Wenn er vom Krieg erzählte, dann in oft erstaunlich positiven Worten. Er sprach von der großen Kameradschaft unter den Soldaten, wie man sich gegenseitig geholfen hatte und aus Stoffstücken notdürftige „Schuhe" gefaltet hatte, wenn die Stiefel bei den eisigen Temperaturen im Schützengraben marode wurden, im Chaos verloren gingen oder gestohlen wurden.

Er erinnerte sich auch gern daran, wie köstlich das über dem Feuer geröstete Brot geschmeckt hatte. Es hatte wohl kaum etwas anderes an Nahrung zu jener Zeit in Russland gegeben, da die Versorgung aus der Luft nicht funktionierte. Und damit

I. Anfangen

er und seine Kameraden wenigstens das Gefühl und den Duft einer warmen Mahlzeit hatten, hatten sie das Brot eben geröstet. Er erzählte auch von schönen russischen Frauen in weißen Pelzen, die er auf den Straßen gesehen hatte. Auch von seltenen fröhlichen Fronttheater-Abenden berichtete er und von einigen Vorgesetzen, die sich menschlich verhalten hatten. Über die Grauen des Krieges verlor er nur sehr wenige Worte. Als Jugendliche fragte ich ihn einmal, ob er jemals jemanden erschossen hätte. Er bejahte das, sagte aber gleichzeitig, dass er hoffe, das nie wieder in seinem Leben tun zu müssen. Denn im Grunde seines Herzens war er Pazifist. Gewalt war für ihn das allerletzte Mittel, da waren und sind wir absolut einer Meinung. Doch für ihn gab es zur damaligen Zeit nicht die Möglichkeit, den Kriegsdienst zu verweigern.

Wer unter den Nationalsozialisten verweigerte, musste damit rechnen, zum Tod verurteilt zu werden. Mein Vater ist einigermaßen unversehrt an Körper und Geist aus dem Krieg zurückgekehrt. Einzig ein Lungendurchschuss ist ihm als mahnende Erinnerung geblieben. Der raubte ihm zwar manchmal beim Fahrradfahren oder Wandern ein wenig die Luft, dennoch klagte er nie. Nach dem Krieg arbeitete er zeit seines Lebens als Beamter bei der Deutschen Reichsbahn, Gladbeck war „sein" Bahnhof und gleichzeitig sein Baby. Er liebte es, die Züge abzufertigen, Reisenden mit Rat und Tat zur Seite zu stehen und genoss es wohl auch, dass auf so einem Bahnhof, anders als in vielen anderen Beamtenstuben, kein Tag dem anderen glich.

Als ich 16 war, kaufte er mir ein Moped, dafür hätte ich ihn küssen können. Dieses Fahrzeug hatte nicht nur ordentlich Drive, sondern für mich auch eine ganz besondere Bedeutung, denn so hatte ich auf einen Schlag deutlich mehr Freiraum und Unabhängigkeit von meinem Dorfleben in Grafenwald gewonnen.

Mit meinem Vater verband mich auch die Liebe zum Sport. Er war immer groß und schlank, ich war auch groß, aber eher mager. Liebevoll nannte er mich deswegen „Butten-Lilly". Butten ist westfälisches Platt und bedeutet so viel wie Knochen. Wir sind oft gemeinsam in den Wald gegangen und haben Sprints geübt. Mein Vater stand dann da mit seiner Stoppuhr, ließ mich immer wieder starten und gab mir wertvolle Tipps, wie ich meine Leistung noch ein wenig verbessern konnte.

Überhaupt, diesen ungeheuren Drang zur Bewegung, den habe ich wohl von ihm geerbt. Ich habe es geliebt, Fahrrad zu fahren, bin Rollschuh gelaufen und im Winter auch gern mit Schlittschuhen aufs Eis gegangen. Meine Großeltern sorgten dafür, dass meine Sportausrüstung stets erneuert wurde.

Noch heute ist es das Allerschönste für mich, auf meinen zwei Beinen unterwegs zu sein. Bus und Bahn nehme ich nur im äußersten Notfall, bei Zeitmangel oder wenn die Wege zu weit sind. Und wenn ich dann so laufe, gucke ich eigentlich nie nach unten, sondern immer in die Bäume, in den Himmel und in die Gesichter der Menschen, die mir entgegenkommen ...

Über Anna ...

„Als Kind war Anna sehr lebhaft und ein durch und durch fröhliches, freundliches Kind. Sie konnte nie still sitzen, ist rumgehüpft, durch den Garten gerannt und hat sich selbst Geschichten ausgedacht. Wir hatten Bekannte, die eine Gaststätte hatten. Und sobald wir dort mit Anna zu Besuch waren und die Musikbox lief, tanzte Anna durch die ganze Wirtschaft. Ich als Mutter und Lehrerin zugleich habe mir damals trotz aller Freude über ein so munteres Kind auch ein

I. Anfangen

bisschen Sorgen gemacht. *Wie wird sich meine Tochter in der Schule verhalten, kann sie überhaupt mal fünf Minuten ruhig in der Bank sitzen und sich auf ihre Aufgaben konzentrieren?* Erstaunlicherweise funktionierte das dann doch, und in der Schule lief es relativ reibungslos. *Auch wenn Anna eigentlich alles andere lieber tat, als Hausaufgaben zu machen ...*

Anna war auch immer äußerst wissbegierig. *Als ihre Schwester Susanne geboren wurde, fragte Anna ihre Tante, woran man erkennen könne, ob es ein Junge oder ein Mädchen wäre. Ihre Tante gab ihr dann die etwas törichte Antwort, dass man ein Mädchen an den langen Haaren erkennen könne und einen Jungen an den kurzen. Und ich weiß noch wie heute, dass Anna ihr trotz ihrer erst sieben Jahre kein Wort davon glaubte. Später kam sie dann noch mal zu mir und fragte nach dem wahren Unterschied. Sie hatte damals einen Spielkameraden, der Heinz-Josef hieß. Also fragte ich sie: ,Wie macht denn der Heinz-Josef immer Pipi?' Und Anna sagte: ,Na, am Baum.' ,Und wie machst du Pipi?', fragte ich sie dann. Ihre Antwort: ,Auf der Toilette.' Ich erklärte ihr, dass genau das der Unterschied sei, was ja auch nicht ganz falsch war. Und Anna war mit dieser Erklärung zufrieden, der Fall war vorerst erledigt.*

Anna liebte es als kleines Mädchen, am Abend mit mir vor dem Radio zu sitzen. *Wir hatten damals wie die meisten im Ort noch keinen Fernseher. Besonders angetan hatten es ihr die Krimis im Radio, zu dieser Zeit lief gerade die achtteilige Hörspielreihe ,Paul Temple' mit der Stimme von René Deltgen. Aber auch für Musik war sie immer zu haben. Chris Howland moderierte damals die Sendung ,Rhythmus der Welt', in der er über Neuheiten und Trends der internationalen Musikszene berichtete.*

Anna war schon als Kind eine Nachteule, *ist immer erst sehr spät ins Bett gegangen und hat morgens lang geschlafen. Daran hat sich auch bis heute nichts geändert. Durch die Schule hat sie sich dennoch so durchgewurstelt, mir sind da überhaupt keine besonderen Probleme in Erinnerung.*

Ich habe meine Tochter Anna auch als sehr herzliches und großzügiges Kind erlebt. Sie brachte mir von jeder Klassenreise eine Kleinigkeit mit, und wenn es nur ein kleiner Aschenbecher aus Köln oder ein Muschelkästchen von der Nordsee war. Und einmal hat sie zu einem meiner runden Geburtstage sogar einen Teil ihres Taschengelds gespart, um mir dann gemeinsam mit ihrem Vater einen wunderschönen vergoldeten Armreif zu schenken. Den habe ich heute noch.

Während des Studiums lernte Anna ihren zukünftigen Mann Hans kennen, und bald darauf kam mein erster Enkel, Johannes, zur Welt. In kürzester Zeit war die Kinderschar dann auf vier angewachsen. Anna ist eine hundertprozentige Mutter und Großmutter, dafür bewundere ich sie sehr.

Ich habe Anna in ihrer Berliner Zeit oft besucht, besonders nachdem mein Mann gestorben war. Jedes Weihnachten saß ich mit meiner großen Familie am Tisch und habe mich über dieses ganz besondere Geschenk jedes Jahr aufs Neue gefreut.

Unser gemeinsames Programm war immer wieder schön: Ich durfte ,Jedermann' im Berliner Dom erleben und schaute mit meinen Enkeln in Begleitung riesiger Popcorntüten alle Teile von ,Herr der Ringe' im Kino an. Mein damaliger Schwiegersohn zeigte mir zudem die schönsten Seiten von Berlin. Wir waren auf der Pfaueninsel, beobachteten im Berliner Zoo den Pandabären beim Eukalyptusfressen und unternahmen Spaziergänge am Tegeler See.

Die Freundlichkeit und die Fröhlichkeit sind meiner Anna bis heute geblieben. Ich bin allerdings erstaunt, wie viel Ruhe und Gelassenheit sie heute ausstrahlt."

Mutter Hermine

I. Anfangen

So nah und doch so fern

In ihrer Einstellung zum Leben standen meine Eltern sich diametral gegenüber. Mutter war die unglaublich korrekte, immer ein wenig ungeduldige und manchmal auch ein wenig unterkühlte Frau, bei der alles und alle perfekt sein mussten. Und Vater war der Mann mit dem riesengroßen Herzen, der auch mal fünfe gerade sein lassen konnte. Ihm passte es oft nicht, wenn meine Mutter als Lehrerin und Vorsitzende des Müttervereins Grafenwald am Abend noch lang am Schreibtisch saß, um Klassenarbeiten zu korrigieren, den Unterricht für den folgenden Tag vorzubereiten oder Veranstaltungen zu planen. Sie hatte eigentlich immer viel zu tun und gönnte sich außer ihrem Lesevergnügen keine Freizeit. Ich glaube, mein naturverbundener Vater hätte ihr lieber das Leben in der Natur gezeigt und mit ihr plaudernd den Tag auf einer Parkbank am Rand des Waldes ausklingen lassen. Sicher hätte er ihr auch gern vermittelt, dass Arbeit doch nicht das Wichtigste im Leben ist. Dennoch haben sich die beiden irgendwie miteinander arrangiert und in einer gewissen Weise auch voneinander profitiert. Er hat ihr ein wenig Gelassenheit beigebracht und sie ihm die Liebe zu Literatur, Theater und Kino. Sie war quasi für den geistigen Austausch zuständig und er für die Emotionen in ihrer Beziehung.

Trotz aller Unterschiede haben sie eigentlich immer zusammengehalten. Wohl auch, weil der eine den anderen wirklich brauchte. Wobei ich bezweifle, dass so eine Symbiose für eine Beziehung vorteilhaft ist. Ich glaube, dass sich die beiden durchaus geliebt und geachtet haben, würde es aber als sehr ruhiges Miteinander beschreiben. So richtig Rums war da nicht wirklich dahinter …

Mein Vater hat sich schon früh, mit 60 Jahren, pensionieren lassen und fing dann an, das Leben in vollen Zügen zu genießen. Er musste keine Nachtschichten mehr leisten und konnte morgens so lang schlafen, wie er wollte. Aber anstatt sich zu langweilen, stundenlang auf dem Sofa Zeitung zu lesen oder im stillen Kämmerlein Münzen zu sammeln, nahm sein Leben plötzlich noch mal ordentlich Fahrt auf. Dabei kam ihm auch unser erneuter Wohnungswechsel gerade recht. Wir zogen ins Lehrerhaus im Ort um, das wohl schönste Haus von Grafenwald. Wenn ich heute meine Mutter im Dorf besuche, gehe ich gern an diesem Haus vorbei und finde es noch immer traumhaft schön.

Unten in dem geräumigen Haus wohnten wir, oben die Direktorin der Schule mit ihren beiden Schwestern. Das Beste daran: Von unserer Wohnung hatten wir Zugang in einen riesengroßen Garten. Mein Vater werkelte hier als Gärtner und Hausmeister in einer Person. Er kümmerte sich um all die Obstbäume, Sträucher sowie die Rasenfläche und war auch immer zur Stelle, wenn bei uns oder im Haushalt der Direktorin ein tropfender Wasserhahn oder ein zugiges Fenster abzudichten war. Das Haus wurde zu seinem Refugium, er hatte alles im Griff und eine echte neue Aufgabe.

Leider hatte er nicht allzu viel von seinem Ruhestand. Mit Mitte 60 fühlte er sich plötzlich zunehmend müde, litt unter Schmerzen und Schwellungen in den Beinen. Daraufhin begann für ihn eine Odyssee durch sämtliche Krankenhäuser der Umgebung. Die Ärzte tippten zunächst auf typische altersbedingte Abnutzungserscheinungen wie Arthrose oder auch Rheuma. Sie röntgten ihn, schoben ihn in den Computertomografen, machten Bluttests und waren sich dennoch nicht sicher, woran er denn nun tatsächlich litt. Als man Jahre später im Krankenhaus Kirchhellen endlich die richtige Diagnose stellte, war es bereits zu spät: Er hatte Knochenkrebs in einem sehr späten Stadium und konnte nur noch palliativ behandelt werden. Das heißt, dass sein Krebs nicht mehr zu heilen, sondern nur noch eine schmerzstillende Behandlung der Symptome möglich war.

Glücklicherweise musste er nicht lang leiden. Irgendwann war klar, dass er in den nächsten Tagen sterben würde. Mit gerade mal 74 Jahren. Ich bin mit meinem damaligen Mann und meiner Mutter in die Klinik gefahren. Ganz dünn und schmal lag mein Vater in seinem Bett und hatte die Augen geschlossen. Die Ärzte erklärten uns, dass er durch das schmerzlindernde Morphium, das er bekam, in einer Art Dämmerzustand und eigentlich nicht mehr ansprechbar sei. Ich glaube dennoch, dass er auf seine Weise da war und uns alle hörte. Und ich bin mir fast sicher, dass ein Lächeln über sein Gesicht huschte, als wir uns an sein Bett setzten. Ich nahm seine Hände, die ganz doll zuckten, und hielt sie fest. Wenig später starb er. Ich war froh, dass mein Vater diesen Kampf dann doch recht schnell hinter sich brachte. Und ich freute mich für ihn, dass er nicht so lang und vor allem nicht unter Schmerzen mit dem Tod ringen musste. Größer als die Trauer um ihn war meine Dankbarkeit. Für all das, was er mir und meinen Kindern im Leben gegeben hatte.

Dazu gehören unsere Ausflüge mit dem Fahrrad, die gemeinsamen Sprints im Wald, seine Fürsprache und seine Leichtigkeit dem Leben gegenüber. Aber auch seine Hingabe, mit der er für meine Kinder so oft Kasperle spielte, ihre ersten Fahrradübungen mit Stützrädern mit unendlicher Geduld begleitete und auch nicht müde wurde, ihnen ganz bestimmte Kinderlieder immer wieder vorzusingen. Ganz anders war die Reaktion meiner Mutter. Obwohl sie ihn über Jahre in seiner Krankheit begleitet hatte und mit seinem Tod rechnen musste, war sie total entsetzt, als er schließlich gestorben war. Immer und immer wieder stellte sie diese eine Frage: „Warum hat er mich zurückgelassen?"

Ich weiß, dass sich viele Menschen diese Frage nach dem Tod ihres Partners stellen, bevorzugt die Frauen, aber ich komme damit überhaupt nicht klar und kann sie keinesfalls nachvollziehen. Auch mein Ex-Mann stand einmal an der Schwelle des Todes. Und ich hätte mich nach seinem möglichen Tod bestimmt vieles gefragt, aber ganz sicher nicht, warum er mich alleingelassen hat.

Mein Vater liegt auf dem sehr idyllischen Friedhof von Grafenwald begraben. Umgeben von Wiesen, auf denen Schafe weiden und im Sommer bunte Blumen blühen. Ich weiß, dass es ihm dort gefallen würde. Ich gehe gern an diesen Ort. Jedes Mal, wenn ich meine Mutter besuche, statte ich auch meinem Vater einen Besuch ab und führe mit ihm Zwiegespräche. Ich fühle mich auf dem Friedhof sehr wohl, kann dort gut nachdenken und Kraft tanken. Meine Mutter dagegen geht nicht gern ans Grab meines Vaters. Für sie ist alles, was an ihren Mann erinnert, bei ihr zu Hause. Ich glaube, dass sie sich insgeheim vor dem Friedhof fürchtet. Mein Vater ist in einem Sarg beerdigt worden, und für sie liegt er da nun in einem kalten, dunklen Grab tief unter der Erde – das hat freilich nichts Tröstliches oder gar Idyllisches.

I. Anfangen

Tod und Vergänglichkeit

Der Tod meines Vaters, meiner beiden noch recht jungen Freundinnen vor einigen Jahren und auch das Älterwerden selbst lassen mich immer öfter über mein eigenes Ende nachdenken. Während man sich als junger Mensch oftmals für unsterblich hält, setze ich mich heute zunehmend mit der Endlichkeit des Lebens auseinander. Das sind überhaupt keine depressiven und auch keine quälenden Gedanken. Sie zuzulassen vereinfacht für mich die Tatsache, dass auch ich irgendwann gehen muss. Heute kann ich mir Gedanken über Dinge machen, die ich früher schnell beiseitegeschoben hätte, weil sie mir die Tränen in die Augen trieben.

Als ich vor sieben Jahren meinen 25 Jahre jüngeren Freund kennenlernte, habe ich anfangs oft geweint. Ich fühlte mich auf einmal alt, dachte ans Abschiednehmen und den Tod. Mein Freund Michael hat mich aber davon überzeugt und damit getröstet, dass wir im Jetzt leben, genau in diesem Moment, und was morgen sein wird, weiß niemand. Wann wir sterben oder wie lang wir noch leben werden, liegt einfach nicht in unserer Hand.

Dennoch habe ich darüber nachgedacht, wen ich gern bei mir hätte, wenn ich sterbe. Meinen Freund und meine Kinder hätte ich wirklich sehr gern an meiner Seite, wenn ich von dieser Welt gehe. Ich möchte in Ruhe gehen können, im besten Fall alles ganz ohne Morphium oder Beruhigungsmittel miterleben und im Einklang mit mir sein. Bloß keinen ganz plötzlichen, unerwarteten Abgang. Angst vor dem Tod habe ich nicht, aber natürlich, wie so viele, Angst vor langem Leiden, vor Schmerzen und vor Fremdbestimmung. Deshalb möchte ich nicht im Krankenhaus sterben, sondern möglichst zu Hause. Es wäre schön, wenn meine nahen geliebten Menschen nach meinem Tod noch oft an mich denken würden. Ich glaube, dass es genau diese Erinnerung ist, die einen weiterleben lässt. Und ich wünsche mir, dass alle meine Lieben denken: Es war nicht egal, dass sie da war.

Nach dem Tod meines Vaters war meine Mutter anfangs häufig bei uns in Berlin, besonders an heiklen Feiertagen wie Weihnachten, Ostern oder dem Geburtstag meines Vaters. Inzwischen kann sie mit dem Gedanken an seinen Tod gut leben, auch wenn sie wohl niemals wirklich darüber hinwegkommen wird. Der Gedanke an einen neuen Mann blieb meiner Mutter immer total fremd. Sie sagte einmal, dass sie sich niemals vorstellen könne, jemals wieder einen neuen Partner zu haben. Ich glaube, dass sie ihre neu gewonnene Eigenständigkeit einfach nicht mehr aufgeben möchte und nicht mehr zu großen Kompromissen im Leben bereit ist. Bis vor einigen Jahren dachte ich ähnlich. Bevor ich Michael kennenlernte, war ich mit meinem Leben rundum zufrieden und gar nicht auf der Suche nach einem neuen Partner. Und dann trat ausgerechnet ein 25 Jahre jüngerer Mann in mein Leben. Im ersten halben Jahr unserer Beziehung habe ich häufig die Blicke des Umfelds auf uns als doch offensichtlich nicht gleichaltriges Paar gespürt. Und auch meine Kinder waren anfänglich irritiert. Noch heute passiert es uns öfter beim Einkaufen, dass Michael für meinen Sohn und ich für seine Mutter gehalten werde. Und es sind interessanterweise immer Verkäuferinnen, die das verbalisieren, bei männlichen Verkäufern ist das noch nie vorgekommen. Michael sagt dann immer: „Das hat sie extra gemacht." Mich stört das heute überhaupt nicht mehr, weil ich zu 100 Prozent hinter unserer Beziehung stehe.

I. Anfangen

Fremde Schwestern

Als ich sieben war, kam meine Schwester Susanne zur Welt. Aufgrund des recht großen Altersunterschieds wuchsen wir beide fasst wie Einzelkinder auf. Auch wenn wir heute ein gutes, vertrauensvolles Verhältnis haben und sehr nah miteinander sind, waren wir uns als Kinder nie grün. Eigentlich haben wir permanent gestritten. Selbst als Baby fand ich Susanne nie niedlich und fühlte mich nicht besonders zu ihr hingezogen. Da war keine Eifersucht, sie war mir nur irgendwie fremd. Dazu muss man allerdings sagen, dass wir damals auch nicht so frei, entspannt und mit einer gewissen Gelassenheit vonseiten der Eltern aufgewachsen sind, wie viele Geschwisterkinder es heute erleben. Wenn ich meine Enkel untereinander so sehe, ist das zwar oft ein ordentliches Drunter und Drüber, Gezanke und Geschreie. Keiner ist zimperlich, aber vieles fügt sich einfach ganz von selbst.

Susanne wurde von meinen Eltern immer wie eine kleine Prinzessin behandelt und in Watte gepackt. Ich durfte sie nur unter Aufsicht meiner Eltern anfassen oder mit mir herumtragen. Aus heutiger Sicht erkläre ich mir das so: Meine Mutter hatte vier Jahre vor der Geburt von Susanne eine wirklich tragische Fehlgeburt im neunten Monat. Vermutlich wollte sie meine Schwester deshalb so unglaublich behüten. Im Grunde gab es bei uns zwei Liebesfronten – meine Großmutter und ich waren sehr innig, meine Mutter hielt immer zu meiner Schwester. Leider gab es keine Brücke von der einen auf die andere Seite. Meine Mutter hat es mir gegenüber irgendwann mal so ausgedrückt: „Du warst und bist das Kind deiner Oma, und Susanne ist mein Kind."

Susanne und ich bewohnten zusammen ein Zimmer mit einem gemeinsamen Schrank, Schreibtisch und Etagenbett. Sie schlief unten, weil sie ja noch so klein war und hätte herausfallen können, ich oben. In diesem Zimmer gab es zwei Schätze, die mir wirklich heilig waren. Auf dem Schreibtisch stand ein uraltes Radio, das mir meine Großeltern vererbt hatten. Und an der Wand hing ein Starschnitt von Winnetou. Ich konnte ihn am Abend vor dem Einschlafen hoch oben aus meinem Bett sehen, der Anblick rettete mich selbst an den trübsten Tagen, und ich beamte mich dann als Nscho-tschi auf dem Pferd an der Seite meines fiktiven Bruders in die unendlichen Weiten der Prärie. Der Winnetou-Darsteller Pierre Brice war mein großer Schwarm. Ich war regelrecht verliebt in diesen Mann mit den dunklen, vollen Haaren, den tollen Augen und dem markanten Gesicht. Klar, dass ich jeden Zeitungsbericht über ihn ausschnitt und alle drei der kostbaren BRAVO-Starschnitte von ihm besaß.

Der Streit mit meiner Schwester ging übrigens noch über Jahre munter weiter, selbst als ich schon fast erwachsen war. Irgendwann ging es dann nicht mehr um Spielzeug, sondern um modische Besitztümer. Susanne hatte die Angewohnheit, sich ohne Rücksprache an meinem Kleiderschrank zu bedienen, was ich wirklich hasste. Meine tolle rote Sonnenbrille, mein gestreifter Lieblingsrock, meine neue Häkelweste – alles sah ich irgendwann an Susanne.

Meine Mutter mischte sich da leider nie ein und ließ Susanne gewähren. Ihre Erklärung war, dass wir halt zwei Einzelkinder seien, die niemals gelernt hätten zu teilen und da nun allein durchmüssten. In Bezug auf meine eigenen Kinder habe ich mir damals geschworen, sie nicht in einem so großen Abstand auf die Welt zu bringen. Das hat auch geklappt. Mit 26 war ich das erste Mal schwanger, und alle zwei bis drei Jahre kündigte sich ein weiteres Kind an. Wichtig war mir allerdings auch, dass die Abstände nicht zu gering waren. Ein Wickelkind war genug.

Über Anna...

„Ich habe meine Schwester Anna immer für ihre tolle Figur und ihren guten Geschmack bewundert. Besonders schön fand ich sie in ihren Minikleidern und -röcken, beides stand ihr ganz hervorragend. Ich war allerdings nie eifersüchtig auf sie, sondern habe sie immer als Vorbild gesehen.

Auch wenn wir uns häufig stritten, hatten wir auch sehr schöne Stunden zusammen. Besonders gern erinnere ich mich an unsere Urlaube. Gemeinsam mit unseren Eltern waren wir an der Ostsee. Dort hatten wir gleich zwei Strandkörbe angemietet und konnten den ganzen Tag lesen, faulenzen, baden, mit dem Bötchen fahren und uns bräunen. Mit Anna zusammen baute ich die schönsten Sandburgen, die wir in akribischer Kleinstarbeit und in manchmal sengender Sommersonne mit Muscheln und kleinen Steinchen verzierten. Leider hielt die Pracht immer nur sehr kurz, bereits am nächsten Morgen zerbröselten unsere Kunstwerke.

Einen sehr schönen Urlaub mit unseren Eltern verbrachten wir auch in Traunstein am Traunsee. Obwohl das Meer uns allen irgendwie mehr liegt, war dieser See ein Traum. Glasklar war er, man konnte bis auf den Grund schauen, und angenehm temperiert. Anna bracht mir in diesem Urlaub das Schwimmen bei. Ich war sehr froh über ihre Geduld, die sie dabei mit mir hatte. Ich glaube, ich war nicht wirklich talentiert ...

Jahre später einmal sind wir beide, ohne unseren Eltern Bescheid zu geben, nach Haffkrug an der Ostsee ausgebüxt. Wir saßen am

Abend immer im Strandkorb, egal ob die Sonne schien oder es in Strömen goss, und tranken billigen Weißwein. Ich vertrug den überhaupt nicht, Anna war da um einiges trinkfester. Unser Altersunterschied war schon gewaltig. Wenn Anna mit 17 auf irgendeine Party fahren durfte, musste ich natürlich mit meinen zehn Jahren zu Hause bleiben. Ich habe sie darum immer sehr beneidet und insgeheim gehofft, dass ich später ein ähnlich schönes Leben mit vielen Freunden und tollen Feten haben würde. Leider hat es das Leben aber mit mir nicht so gut gemeint wie mit ihr ...“

Susanne

Beat & Gebete

Aufgewachsen in einem konservativen Ruhrpott-Dorf und sozialisiert in einer konfessionellen Schule, habe ich natürlich all das durchgezogen, was man als gute Katholikin so erlebt: Erstkommunion, Firmung, sogar als Messdienerin habe ich kurzzeitig mal das Weihrauchfass geschwenkt. Ich habe all das überhaupt nicht hinterfragt, es gehörte genauso dazu wie Aufstehen, Essen und Zähneputzen. Den Kommunionsunterricht fand ich übrigens sogar ganz spannend mit den Geschichten aus der Bibel, die manchmal doch sehr lebensnah waren. Dabei hat unser Dorfpfarrer wirklich alles dafür getan, es uns so schwer wie möglich zu machen, der Kirche eine positive Seite abzugewinnen. Er wirkte immer sehr unnahbar und streng, lächelte nie und hatte überhaupt nichts Gütiges an sich. Und wer am Sonntag im Gottesdienst nicht kerzengerade stand, bekam von ihm sogar eine Ohrfeige. Unfassbar, von heute gesehen. Damals hatte ich einfach nur Angst vor diesem Mann.

I. Anfangen

Körperliche Gewalt war bei uns in der Familie nicht üblich. Seitens meines Vaters habe ich da nur einmal eine Ausnahme erlebt. Ich sollte nach der Schule immer sofort nach Hause kommen. An einem schönen Sommertag in der Grundschulzeit hatte ich auf dem Nachhauseweg nichts Besseres zu tun, als im Straßengraben, in dem das Wasser so munter vor sich hinplätscherte, irgendwelche interessanten Tiere fasziniert zu beobachten. Kurz: Ich hatte die Zeit total vergessen und mich einfach vertrödelt. Irgendwann stand mein Vater vor mir, mit hochrotem Kopf und einem so bösen Blick, wie ich ihn bei ihm noch nie gesehen hatte. Er zerrte mich dann nach Hause und versohlte mir so richtig den Hintern. Das blieb aber ein einmaliges Ereignis, mein Vater neigte nicht zu Gewalt und auch nicht zu Jähzorn. Dennoch war ich in dem Moment sehr traurig und irritiert von seinem Verhalten, weil ich es nicht verstand. Einen Tag später nahm mich meine Mutter dann aber zur Seite und erklärte mir, dass sie sich beide große Sorgen um mich gemacht hätten und mit meinem Vater deshalb die Pferde durchgegangen wären. Die Erklärung allein ohne die Schläge hätte allerdings auch gereicht…

Ich habe ihm das damals zwar nach kurzer Zeit verziehen, mir aber gleichzeitig auch geschworen, dass ich meine Kinder nie schlagen werde. Und das habe ich bei allen vieren auch so gehalten. Was nicht heißt, dass ich eine Übermutter war, die mit unglaublicher Gelassenheit alles, was ihr Nachwuchs so an Blödsinn anstellt, stoisch über sich ergehen ließ. Mir ist in der Erziehung meiner vier Kinder natürlich mehr als einmal der Kragen geplatzt. Denn ein Kind macht viel Unsinn, vier Kinder stellen mindestens viermal so viel an. Es braucht bei mir immer einige Zeit, bis das Fass überläuft, aber dann konnten sich meine Kinder auch warm anziehen.

Ein besonderer Knackpunkt bei allen vieren war die Schule. Das hatten sie wohl von mir geerbt … Besonders uninteressiert war mein Sohn Johannes, der heute als Anwalt tätig ist. Anstatt fürs Abitur zu lernen, traf er sich an schönen Sommertagen viel lieber mit seinem Freund am See. Nicht nur einmal, sondern gleich mehrere Wochen hintereinander. Er hatte den Ernst der Lage offenbar überhaupt nicht begriffen. Als er wieder mal ausgeflogen war und erst spätabends wieder heimkehrte, war ich auf 180. Im Beisein seines Freundes sagte ich dann zu ihm: „Johannes, wenn du noch mal zu spät kommst, schlag' ich dir die Beine ab." Wirklich erschrocken war wohl nur der Freund meines Sohnes, weil er meine Worte nicht einordnen konnte. Mein Sohn nahm es gelassen, der kannte ja seine Mutter … Trotzdem hatte ich erreicht, was ich wollte: Johannes büxte in den letzten Wochen vor dem Abi nicht mehr aus, lernte bis spät in die Nacht und kam so einigermaßen durch die Prüfungen. Auch hier musste ich wieder an den wunderbaren Spruch meines Vaters denken: „Es geht nicht ums Siegen, überleben ist alles…"

Kleine Fluchten

Meine Jugend in Grafenwald habe ich als sehr belastend empfunden. Ich fühlte mich eigentlich ständig unter der Fuchtel meiner Mutter. Sie war fast immer zu Hause, zudem noch Vorsitzende im Mütterverein des Ortes und kannte wirklich jeden im Dorf. Da blieb natürlich nichts von dem verborgen, was ich tat. Irgendjemand sah mich immer. Ob ich geraucht hatte, ob

I. Anfangen

ich irgendwo mit jemandem ein Bier getrunken hatte, ob ich jemanden geküsst hatte – immer erfuhren meine Eltern davon schneller als mit der Rohrpost.

Glücklich war ich über die kleinen Fluchten. Durch meinen Aufenthalt im Mädchengymnasium in Bottrop konnte ich das, was meine Eltern nicht wissen oder sehen sollten, in die deutlich anonymere Stadt verlagern. An wenigen Tagen durfte ich nach dem Mittagessen zu Hause am Nachmittag noch mal nach Bottrop fahren, um meine Freundinnen zu treffen. Bevor ich dort aber überhaupt ankam, stand vor dem Verlassen des Hauses eine Anstandskontrolle seitens meiner Mutter an. Wie lang ist der Rock, bin ich geschminkt, sind die Haare auch nicht zu gestylt? Ich erinnere mich noch an einen regelrechten Eklat, als meiner Mutter eines Nachmittags aus einer Laune heraus meine Augenbrauen zu dunkel und damit gefärbt erschienen, dabei waren sie von Natur aus so. Von Zeit zu Zeit habe ich auch den Bus verpasst, weil ich einen längeren Rock anziehen oder mir die weiße Penatencreme (der Beauty-Hit schlechthin damals!) wieder von den Lippen wischen musste.

Auch das abendliche Nachhausekommen war immer ein großer Diskussionspunkt. Und häufig gab es Zoff darum. Der Bus in unser Dorf fuhr nur jede Stunde, am Wochenende sogar nur alle zwei Stunden. Wenn man den verpasst hatte, konnte es schnell schwierig werden. In der Regel musste ich spätestens um 18 Uhr zu Hause sein, das bedeutete, dass ich schon gegen 17 Uhr den Bus ab Bottrop nehmen musste. Und das mit 15 oder 16! Abends ausgehen war überhaupt nicht angesagt, volljährig wurde man damals erst mit 21. Meine Mutter war auch nicht zu irgendwelchen Diskussionen bereit. Sie sagte häufiger zu mir: „Ich musste auch immer als Erste zu Hause sein, und es hat mir gutgetan."

So waren die Möglichkeiten des außerschulischen Vergnügens in Bottrop ziemlich begrenzt. Häufig traf ich mich mit meinen Klassenkameradinnen bei Tchibo in der Bottroper Innenstadt, dort durfte man damals noch rauchen. Beliebt waren auch ein Eiscafé und eine kleine Kneipe, wo wir in der Zeit vor dem Abi auch schon mal am Nachmittag nach der Schule ein Bier tranken. Wir waren eine reine Mädchenclique. An den Wochenenden unternahmen wir auch manchmal kleine Radtouren in die Umgebung.

Rauchen war für meine Eltern übrigens okay. Mein Vater hatte ja bereits mit sieben Jahren damit angefangen. Er rauchte in Maßen und konnte damit ganz gut umgehen. Darüber, dass es schädlich sein könnte, habe ich damals nicht nachgedacht. Man war einfach mit Zigarette in der Hand ein ganzes Stück cooler und erwachsener.

Mein Lieblings-Outfit zu dieser Zeit war der Minirock. Ich hatte sehr schlanke Beine und sah darin immer sehr schick aus. Da ich dazu aber keine tief dekolletierten Oberteile oder Ähnliches trug, sah er an mir auch nie anstößig aus. Dieses Lieblingskleidungsstück trug ich sogar auch später auf der Fachhochschule für Sozialpädagogik, die von Nonnen geleitet wurde. Es gibt aus jener Zeit ein wunderbares Foto, das mich im ultraknappen Häkelkleid, eingerahmt von zwei Nonnen in ihrem langen schwarzen Habit, zeigt. Wir waren ein cooles Trio, die beiden haben mir meinen jungen, flotten Look wirklich von Herzen gegönnt.

Politisch war ich eher links. Ich trug das Antiatomkraftzeichen und setzte mich sogar einmal auf Straßenbahngleise, als mal wieder die Fahrpreise des öffentlichen Nahverkehrs erhöht wurden. Natürlich waren unsere Proteste in Bottrop nicht mit denen in Berlin oder Hamburg zu vergleichen. Viele wählten SPD, waren aber in ihrer Einstellung konservativ – es war eher eine kleinbürgerliche (Berg-)Arbeiterstadt, Studenten hatten hier keine allzu große Lobby. Wir waren die, die schon damals immer ein wenig gegen das Leben unserer Eltern rebellierten. Der Gegenpart in meiner Klasse waren die Mädchen aus gutem Hause, wie man so schön sagt. Deren Eltern hatten meist einen Laden am Ort oder waren in höheren Funktionen in Unternehmen tätig. Gegen mich und einige meiner Freundinnen sahen diese Mädchen buchstäblich alt aus. Sie trugen Faltenröcke bis übers Knie – bevorzugt in Dunkelblau –, dazu weiße Blusen, Shiftkleider oder Twinsets und wirkten eigentlich schon mit 18 wie ihre eigenen Mütter. Während wir auf alten, klapprigen Rädern durch die Landschaft radelten, spielten diese Mädchen Tennis in blütenweißen kurzen Röckchen und Lacoste-Shirts.

Liz, Gina – und Anna

Mein Selbstbewusstsein war zu dieser Zeit leider nicht besonders ausgeprägt. Ich war schon immer sehr dünn und hielt mich noch dazu nicht besonders gerade. Dadurch kam ich meist wohl eher schlaksig und unbeholfen daher. In der Schule hieß es immer nur: „Guckt mal, da kommt die lange Dürre." Ich war immer mit Abstand die Größte in der Klasse, das kam gerade bei den Jungs nicht so gut an. Die standen damals eher auf kleine, zarte Wesen, die zu ihnen aufschauten. Wenn ich Bilder von früher angucke, merke ich, dass ich wohl eigentlich recht ansehnlich war, was ich aber zu Beginn der Pubertät überhaupt nicht so empfand. Erst mit 15 oder 16 Jahren ging mir auf, dass ich doch eine recht gute Figur hatte und auch sonst ganz attraktiv war.

Unser Schönheitsideal, und auch das meiner Eltern, bewegte sich damals irgendwo zwischen Liz Taylor und Gina Lollobrigida. Als extrem sexy galten Frauen mit dunklen Haaren, prallen Brüsten, tiefen Dekolletés, viel Make-up und toupierten Haaren. Als junges Mädchen wirkten diese Frauen auf mich wie von einem anderen Stern. Irgendwie künstlich, ihre vermeintliche Schönheit schien mir aufgesetzt. Irgendwann entdeckte ich Audrey Hepburn für mich. Zart, ein wenig schüchtern, androgyn und mit einer Art kindlicher Freude ausgestattet – so wollte ich auch sein. Toll fand ich auch Diana Rigg aus der Serie „Mit Schirm, Charme und Melone". Wenn sie im figurbetonten schwarzen Overall auf dem Bildschirm aufkreuzte, sah sie auf toughe Weise weiblich und erotisch aus. Sie war weder Mannweib noch Weibchen und damit ein echtes Vorbild für mich.

Heute gefallen mir die bunten Frauenbilder der Malerin Elvira Bach sehr. Ich habe einen großdimensionalen Dauerkalender mit ihren Werken im Wohnzimmer hängen. Ihre Frauen sind überhaupt nicht lasziv, sondern eher handfest. Kraftvolle, starke Frauen mit breiten Schultern, die ihre Ecken und Kanten, aber auch Rundungen haben und dennoch sensibel wirken. Für mich strahlen ihre Werke mit diesen geerdeten Frauen in kräftigen Farben pure Lebenslust, Humor, aber auch Wärme aus.

Schön war für mich immer auch das Unvollkommene. Wenn meine Großmutter ihre graue Persianerkappe auf ihre grauen Löckchen setzte, sah sie trotz ihrer doch sehr kompakten Figur richtig würdevoll und elegant aus. Mehr noch, sie verströmte in meinen Augen echte Grandezza. Meine Mutter war in dieser Beziehung leider kein Vorbild für mich. Als Lehrerin trug sie viel Braun, wirkte immer sehr klassisch, perfekt gepflegt, aber auch unauffällig und ein wenig langweilig. Anders dagegen mein Vater, den ich nicht nur wegen seiner modischen, unkonventionellen Kleidung als sehr smart empfand. An ihm faszinierten mich kleine Details. So liebte ich den Anblick seiner Hände, die er immer sorgfältig pflegte. In meinen Augen waren sie einfach wunderschön. Nicht klein, vielmehr kräftig und dennoch irgendwie elegant. Nachdem mein Vater gestorben war, waren seine Handschuhe das schönste Andenken für mich.

Große Freiheit

Nach meinem vierten Jahr auf dem Gymnasium ging meine Mutter endlich wieder arbeiten. Sie unterrichtete Erst- und Zweitklässler an der Volksschule in Grafenwald und war gleichzeitig sehr engagiert als Vorsitzende des hiesigen Müttervereins, einer katholischen Institution. Es gehörte damals zum guten Ton, als eine Frau des Ortes im Mütterverein zu sein. Man machte gemeinsam Ausflüge, sprach über die Gestaltung der Heiligen Messe am Sonntag oder an bestimmten Feiertagen oder trug Ideen für Kindernachmittage und Feste zusammen. Der Mütterverein war im Grunde das Verbindungsglied zwischen den Müttern des Ortes und der Kirche. Zusammen mit ihrer Lehrerinnentätigkeit, die sie übrigens großartig machte, beanspruchte diese Doppelaufgabe sie ohne Zweifel immens …

Dass sie wieder zur Arbeit ging, war für mich das größte Geschenk, das sie mir machen konnte. Und es war gleichzeitig eine riesengroße Erleichterung. Endlich war Schluss mit der permanenten Beobachtung, niemand kontrollierte mehr, ob ich auch wirklich am Schreibtisch saß und lernte. Wobei ich heute denke, dass mir ihre Kontrolle manches Mal schon zugutegekommen wäre. Denn ich muss gestehen, dass ich keine besonders fleißige Schülerin war und mich immer ein wenig durch die Schulzeit durchgemogelt habe. Der Wahlspruch meines Vaters: „Es geht nicht ums Siegen, überleben ist alles", war in meinem Kopf wohl einfach zu präsent ...

Der Gedanke, durchs Abi zu rasseln, war mir in diesem Moment egal. Endlich hatte ich genug Platz, um mich auszubreiten und ein selbstbestimmtes Leben zu führen. Keiner kontrollierte mehr, ob ich genügend Schlaf bekam, ob ich genug lernte oder das Essen zu geregelten Zeiten zu mir nahm. Ich wollte alles nachholen und stürzte mich lieber ins pralle Leben. Ich traf mich nach der Schule mit Freundinnen in der Stadt zum Kaffeetrinken, genoss auch schon mal ein nachmittägliches Bier in einer der vielen Studentenkneipen in Bottrop und hatte einfach Spaß am Leben.

Freundlicherweise kam mir auch meine kleine Schwester dabei nicht in die Quere. Sie war ja sieben Jahre jünger als ich, dennoch musste ich mich nicht um sie kümmern oder ihr gar jeden Tag ein Mittagessen kochen. Susanne verbrachte die Zeit nach der Schule meistens bei Klassenkameradinnen oder bei Nachbarn, was ihr sicherlich deutlich besser gefiel, als wenn wir zwangsweise die Nachmittage hätten zusammen verbringen müssen.

Zwei Jahre vor dem Abitur wechselte ich das Gymnasium, da an meiner Schule in Bottrop als zweite Fremdsprache nur La-

I. Anfangen

tein angeboten wurde, ich aber wollte unbedingt Französisch belegen. Das war leider mit relativ großem Aufwand verbunden, denn die neue Schule lag in Oberhausen, das bedeutete 90 Minuten Fahrt pro Strecke. Morgens um halb sieben verließ ich nun das Haus und kam erst gegen Abend zurück – das waren ganz schön lange Tage. Wohlgefühlt habe ich mich auf der neuen Schule überhaupt nicht, mir gefiel weder die Stadt noch das neue Gymnasium. Auch mit meinen Klassenkameradinnen bin ich in dieser Zeit nie richtig warm geworden. Die Mädchen in meiner Klasse waren irgendwie reifer, moderner und auch politisch sehr engagiert. Sie gingen abends schon in Clubs und hatten deutlich ältere Freunde.

Ich kam mir manchmal wie eine Landpomeranze vor, die abseits steht und mit offenem Mund zusieht. Auch die Lehrer sprachen dort auf einem anderen Niveau mit ihren Schülern, es war mehr ein freundschaftliches Miteinander als die strenge Hierarchie, die ich aus meiner alten Schule in Bottrop kannte. Im Grunde genommen ging es dort moderner und progressiver zu, und eigentlich hätte das meinem Freigeist entgegenkommen müssen. Ich tat mir dennoch schwer damit und kam irgendwie nicht in diesen Strom rein. Vielleicht war ich zu der Zeit damit überfordert, das große Ganze dahinter zu sehen. Mir fehlte damals wohl einfach noch das Großstädtische …

Ich weiß noch sehr genau, dass ich am Nachmittag nach der Schule immer sehr froh war, wenn ich in den Bus nach Hause steigen konnte. Grafenwald war Heimat, Oberhausen Fremde. Die Abende verbrachte ich in diesen Jahren meist zu Hause und traf mich höchstens mit Freunden aus der alten Schule auf der Straße auf ein Fläschchen Bier. So sah es aus, unser „Clubleben" in Grafenwald …

Göttliche Vorsehung

In der Schule hatte ich damals die Leistungsfächer Deutsch und Englisch gewählt. Das kam mir sehr entgegen, denn für Naturwissenschaften fehlt mir wohl ein Gen. Meine Zeit bis zum Abi war weder für mich noch für meine Eltern eine Freude, ich war mit einem Schnitt von Dreikommairgendwas durchgekommen und war froh, es endlich hinter mir zu haben. Selbst meine ehrgeizige Mutter akzeptierte das, und die Devise meines entspannten Vaters war sowieso die des Überlebens statt des Siegens. Und überlebt, das hatte ich glücklicherweise wirklich.

Nach den bestandenen Prüfungen war das Gymnasium in Oberhausen deshalb auch nicht nur aus den Augen, sondern auch ganz schnell aus dem Sinn. Ich habe augenblicklich alle Zelte dort abgebrochen und keinerlei Kontakte zu Mitschülern oder Lehrern gepflegt.

Gedanklich war ich bereits ganz woanders. Schon zu Schulzeiten wusste ich, was ich nach dem Abitur machen wollte. Irgendetwas mit Kindern. Ich habe mich bei einer Fachschule für Sozialpädagogik in Gladbeck nach einer Ausbildung zur Erzieherin erkundigt und ließ mir den Schulplan zuschicken. Was ich las, gefiel mir. Und so meldete ich mich dann für die dreijährige Ausbildung an. Mein Vater war not amused über meine Wahl und sagte nur zu mir: „Sei vorsichtig, das sind Nonnen." Ich hatte mir die Schule eines katholischen Ordens ausgesucht, der „Schwestern von der Göttlichen Vorsehung" hieß. Allerdings kam nur ein Drittel der Dozentinnen aus dem kirchlichen Umfeld, der Großteil bestand aus weltlichen Lehrkräften. Schnell war klar, dass ich die richtige Wahl getroffen hatte, hier fühlte

I. Anfangen

ich mich sehr, sehr wohl. In diesen drei Jahren lernte ich so viel, nicht nur im Hinblick auf Sozialpädagogik, sondern vor allem in Bezug auf das Leben. Das lag zum Großteil an der Schulleiterin, die mich sehr faszinierte. Sie war um die 50, ganz klein, sehr schmal, fast ein bisschen androgyn und hieß Agape, was „göttliche Liebe" bedeutet. Sie bewegte sich schnell und geschmeidig und wirkte dadurch sehr jugendlich. Damals galt man schließlich mit 50 schon als richtig alt. Agape war von vielen gefürchtet, ich aber liebte sie. Sie verkörperte für mich sehr viel Geist und auch eine gewisse Milde, die viele aber nicht erkannten. Ich fand sie gerecht, sie hatte den richtigen Durchblick und eine nachvollziehbare Linie.

Sie neigte nicht zum Frömmeln, war hart in der Sache und gleichzeitig grundehrlich, was mir gut gefiel. Heute würde man von ihr sagen, sie war richtig straight und tough.

Die Warnung meines Vaters vor den Nonnen war völlig überflüssig: Didaktik und Methodik der Sozialpädagogik wurden hier zwar mit kirchlichen Grundsätzen gelehrt, dennoch ließ sich all das auch ohne Weiteres in einen späteren weltlichen Arbeitsplatz integrieren.

Die Ausbildung dauerte drei Jahre, die für mich wie im Flug vergingen. Das Schönste: Im dritten Jahr durften wir bereits zu einem Großteil der Zeit in einem Kindergarten arbeiten und hatten in der Schule nur ab und an Blockunterricht.

Was mich als bekennenden Schul- und Prüfungsmuffel besonders beeindruckte, war die Tatsache, dass mir hier das Lernen zum ersten Mal wirklich Spaß machte. Sicherlich war das auch ein nicht zu unterschätzender Verdienst von Schwester Agape. Kein Wunder also, dass ich nach drei Jahren einen richtig guten Abschluss zur staatlich geprüften Erzieherin schaffte.

Mit diesem Abschluss in der Tasche konnte ich gleich darauf problemlos in Essen an der Gesamthochschule Sozialpädagogik studieren. Da die Schule in Gladbeck eine reine Frauenschule gewesen war, wurde es hier in Bezug auf die Kommilitonen eindeutig spannender. Wir waren eine zahlenmäßig und auch sonst sehr gemischte Runde. Ich war erstaunt, wie viele Männer sich für diesen Studiengang eingeschrieben hatten. Zudem war das Ganze glücklicherweise keine „Kinderveranstaltung": Viele meiner Mitstudierenden waren in meinem Alter, manche aber auch schon deutlich älter. Das lag daran, dass einige bereits eine Berufsausbildung hinter sich hatten und hier auf dem zweiten Bildungsweg studierten.

In Essen habe ich meine erste eigene Studentenbude bezogen. Kein Zimmer in einer WG, sondern eine ganze, wenn auch winzige Wohnung nur für mich. Ich hatte BAföG beantragt und konnte die Wohnung selbst finanzieren, war also nicht von meinen Eltern abhängig. Gute, bezahlbare Wohnungen waren damals, ähnlich wie heute, ziemlich rar. Auch oder gerade weil ich vielleicht ein bisschen zu naiv an die Sache ranging, hatte ich echtes Anfängerglück.

Ich sah eine Anzeige in der „Westdeutschen Allgemeinen Zeitung", kurz und knapp wurde dort ein Nachmieter für eine 30-Quadratmeter-Wohnung gesucht. Natürlich gab es wahnsinnig viele Bewerber, auf einen Teil davon traf ich einen Tag später bei der Wohnungsbesichtigung. Mit mehr als 30 Leuten knubbelten wir uns in der Minibleibe und versuchten alle, einen besonders guten Eindruck zu machen. Die Wohnung gefiel mir sofort. Der Vormieter wollte zu seinem Freund ziehen und hatte keine Lust, noch groß zu renovieren. Auch ein großes fran-

I. Anfangen

zösisches Bett wollte er an den Nachmieter weitergeben. Ich schlug sofort ein, wollte Wohnung samt Bett wie besehen mieten. Der Plan ging auf. Meine Freundin und ich sollten uns am nächsten Tag mit einer kleinen Ablöse für das Bett einfinden, dann würde er uns der Vermieterin vorschlagen. Für mich war das ein Sieg auf ganzer Linie. Nicht mal im Traum wäre ich auf die Idee gekommen, dass die Vermieterin uns ja auch noch ablehnen könnte oder der Mann mich eventuell betrügen wollte.

Doch alles ging gut, ich brachte ihm das Geld, er schlug mich vor – und binnen weniger Tage war ich tatsächlich Mieterin meiner Traumwohnung. Kurioserweise wohnten in dem Haus ausschließlich Frauen, was ich allerdings als sehr angenehm empfand. Nach dem Einzug verwandelte ich die kleine Wohnung in eine wahre Wohlfühloase.

An die Wand pinselte ich einen großen, grünen Baum mit allerlei Früchten an den Ästen, davor stellte ich das wunderschöne alte Holzregal aus dem Keller meiner Großeltern, in dem früher immer die Gläser mit selbst gemachter Marmelade und eingemachten Gurken aufbewahrt worden waren. Ich war rundum glücklich. Weitere Habseligkeiten hatte ich nicht. Den Umzug von Grafenwald nach Essen machte ich mit dem VW Bulli eines Freundes, in den passte alles rein. Vielleicht wird der letzte Umzug meines Lebens irgendwann mal ähnlich übersichtlich sein …

Das Studentenleben war äußerst locker, ich fühlte mich so gut wie selten im Leben, ging viel aus und flirtet, was das Zeug hielt. Einen Kommilitonen, Peter, fand ich besonders nett. Er war schmal, hatte blonde Haare und trug fast immer ausgewaschene Jeans, was mir gut gefiel. Von Zeit zu Zeit übernachtete er sogar bei mir, körperlich nah kamen wir uns allerdings nie. Ich glaube, wir waren damals beide ein wenig von der langsamen Truppe, dachten mal über eine Beziehung nach, verwarfen den Gedanken aber irgendwann doch wieder. Statt Sex hatten wir Spaß. Und davon wirklich jede Menge. Wir waren fast jeden Abend gemeinsam unterwegs in Kinos oder Musikkneipen und besuchten Univeranstaltungen, bei denen Bands auftraten.

Meine Modephase mit schwarzem Minirock und Rolli war zu dieser Zeit übrigens vorbei. Äußerlich entsprach ich damals vermutlich voll dem Klischee einer Sozialpädagogikstudentin: Ich trug lange indische Wickelröcke in allen Variationen, ausgestellte Jeans, in der Taille gebundene Leinenhosen, Schultertaschen aus Bast und Ledersandalen. Dazu gesteppte bunte Mäntel aus Indien. Meine Haare hatte ich natürlich mit Henna rot gefärbt. Da ich etwas ungeschickt darin war, bekamen meine Hände oft mehr Farbe ab als meine Haare, und alles sah ein wenig gescheckt aus. Kurzum: Meine Zeit in Essen war wild, lustig und unangepasst. Ich fühlte mich so frei wie noch nie im Leben und war neugierig auf all das, was noch kommen würde. Jetzt war ich bereit für diese Welt.

eine Großeltern, ich und Susanne (im Kinderwagen)

Glückselig mit großem Hut

ne wichtige Bezugsperson: meine Großmutter

Ausgelassen – aber meist erst nach der Schule

II. Leben

Der Duft von Räucherschinken

Kurz darauf lernte ich dann wirklich meine erste große Liebe kennen. Dass er der Mann sein würde, den ich wenig später auch heiraten würde, war mir damals natürlich nicht klar. Der Duft, der mich wohl ewig an unser Kennenlernen erinnern wird, ist der von geräuchertem Schinken.

Ich war 24, wie viele Studenten immer knapp bei Kasse und hatte diverse Jobs. Da ich für mein Leben gern ausging, hätte ich mir dieses Vergnügen von den geringen finanziellen Zuwendungen meiner Eltern gar nicht leisten können. Ein besonders begehrter, weil gut bezahlter Job war der als Verkäuferin auf dem Essener Weihnachtsmarkt. Ich verkaufte dort an einem kleinen Stand Schwarzwälder Schinken, und meine Freundin brachte an der Bude nebenan Kräuterlikör aus Ungarn unters Volk. Ihr Job war zwar besser bezahlt, dafür hatte ich die nettere Chefin.

Klein und rotwangig hat sie sich geradezu mütterlich um mich gekümmert. Sie guckte immer, dass ich genug zu essen hatte, dass mir warm war, und zahlte auch pünktlich.

Am Stand gegenüber handelte ein junger Mann mit seinem Freund mit antiken Apothekerfläschchen. Er gefiel mir sofort: blaue Augen, blond, guter Haarschnitt und schicker Dufflecoat. Alles in allem passte er genau in mein Beuteschema. Sein Freund sah ein bisschen verwegener aus, er hatte längeres Haar und immer denselben Pullover an. Keine Frage, der andere gefiel mir besser. Er gefiel mir sogar richtig gut. Hans dachte anfangs übrigens, dass meine Chefin meine Mutter sei, und hatte wohl schon eine besonders gute Partie in einer Schwarzwälder-Schinken-Dynastie vor Augen …

II. Leben

Auch die beiden Männer waren auf mich und meine Freundin aufmerksam geworden. Irgendwann kam der Freund herüber und fragte, ob wir bei der Kälte einen Cognac mit ihnen trinken wollten. Klar wollten wir! Er kam mit seinem Flachmann zu uns und goss jedem ein Gläschen ein. Von Schinken zu Glasfläschchen prosteten wir uns dann zu. Ab da freute ich mich von Tag zu Tag mehr auf die Arbeit auf dem Weihnachtsmarkt. Zwei Tage später brachte mich mein zukünftiger Mann zum ersten Mal so richtig zum Lachen. Aufgrund der extremen Kälte in diesem Winter hüpfte er an seinem unbeheizten Stand wie ein Gummiball auf und ab, das sah total komisch aus. Ich lächelte rüber, er lachte zurück – und das Eis war gebrochen. Nach zehn Tagen verabredeten wir uns das erste Mal, waren abends in einer Kneipe, tranken Bier und rauchten. Er erzählte, dass er Architekt sei und kurz vor seinem Diplom stünde.

An diesem Abend fiel ich auch gleich mit der Tür ins Haus – und sagte ihm, dass ich mal vier Kinder wolle. Und er erwiderte spontan: „Ja, das machen wir." Kein „Schauen wir mal" oder ein „Wir können ja erst mal mit einem anfangen". Das hätte ich auch nicht akzeptiert, da war ich ziemlich kompromisslos. Dennoch beeindruckte mich so viel Entschlossenheit sehr, und ich fühlte mich über alle Maßen glücklich, einen so tollen Mann kennengelernt zu haben. Und dann gestand er mir zum Abschied noch, dass er den Duft nach Räucherschinken, der mich bei unserem ersten Date wohl umwehte, unwiderstehlich fände. Was für ein schräger Start …

Am nächsten Tag stellte ich fest, dass ich mich verliebt hatte. Angezogen von den beiden netten Typen, blieben natürlich auch viele andere Frauen am Stand stehen, bewunderten die Glasfläschchen und flirteten mit den beiden. Mal mehr und mal weniger intensiv. Das gefiel mir überhaupt nicht. Ich war regelrecht eifersüchtig auf die Konkurrenz, die da drüben an den Start ging.

Als ich meiner Chefin gestand, dass ich mich verliebt hatte, freute sie sich für mich und schenkte mir einen großen Flakon Parfüm, damit ich den Schinkenduft beim nächsten Date ein wenig überdecken konnte. Sie wusste ja nicht, dass das eigentlich gar nicht notwendig war.

Neben seinem Witz und seiner Quirligkeit gefiel mir besonders Hans' Spontaneität. Bereits nach sechs Wochen fragte er mich, ob ich mit ihm nach Berlin gehen würde. Das war ein echter Liebesbeweis, denn Händchenhalten oder ineinander verschlungen spazieren gehen, wie andere frisch Verliebte es tun – das war schon zu Anfang unserer Beziehung so gar nicht seins. Über den Umzug nach Berlin musste ich nicht lang nachdenken. Die Aussicht auf eine bunte, große Stadt mit vielen Kneipen, Kinos und Theatern reizte mich sehr. Damals war Berlin noch so etwas wie eine Spielwiese der unzähligen Möglichkeiten – und mein absoluter Lebenstraum. In ähnlich rasantem Tempo ging es in unserer Beziehung weiter. Im März heirateten wir in Essen heimlich standesamtlich. Nur mit zwei Trauzeugen, kein einziger Verwandter war anwesend. Meine Mutter wollte mir das zunächst gar nicht glauben, bis ich ihr unsere Heiratsurkunde zeigte. Leider gibt es von unserer Hochzeit kein einziges Foto. Ich weiß aber noch ganz genau, was ich anhatte. Statt meiner üblichen Flower-Power-Outfits aus dem Sozialpädagogikstudium war ich bei unserer Hochzeit richtig seriös. Hans hatte mir einen hellblauen Seidenrock gekauft, der bis zum Knie ging, dazu trug ich ein hellblaues Häkeloberteil mit Blumen. Hinterher gingen wir gemeinsam mit unseren Trauzeugen in Essen in ein etwas feineres Bistro, aßen belegte Brötchen – und das war es dann auch schon. Vielleicht ein bisschen schlicht, aber wir beide mochten das so.

Berlin, Berlin

Kurz darauf setzten wir unseren Traum von Berlin in die Wirklichkeit um. Hans studierte Stadtplanung und war bereits einige Wochen vor mir in der Stadt. Er lebte zunächst auf den üblichen neun oder zehn Quadratmetern in einem Studentenwohnheim. Ich kam nach und hatte mich für einen Studienplatz in Kunstgeschichte eingeschrieben. Das erschien mir ein interessanter Kontrast und eine sinnvolle Ergänzung zur Sozialpädagogik. Wenn Erzieherin nicht klappen sollte, hätte ich so noch ganz andere Möglichkeiten.

Als ich dann vor über 40 Jahren das erste Mal Berliner Boden betrat, war ich aufgeregt wie ein kleines Kind. Ich kannte die Stadt noch gar nicht, hatte aber die wildesten Geschichten gehört, was man hier so alles erleben kann. Ich war jung und voller Elan – das musste einfach meine Stadt sein. Ich fühlte mich dann auch vom ersten Moment an in der Stadt wohl und hatte nicht ein Mal Heimweh. Berlin war ab sofort das zweite Paradies in meinem Leben.

Bei der Wohnungssuche hatten wir großes Glück. Wir fanden eine Wohnung im Westteil der Stadt, in Charlottenburg, die einen ganz besonderen Flair besaß. Die große Altbauwohnung war im Krieg wegen der nach den Bombardements herrschenden Wohnungsnot in zwei Wohnungen aufgeteilt worden. Sie hatte zwei Eingänge, zwei Küchen, zwei Balkone, aber nur ein

Badezimmer. Wir teilten uns die Wohnung mit einem reizenden älteren Herrn um die Mitte 70. Er war wie ein Vater zu uns, erkundigte sich nach unserem Studium, lud uns von Zeit zu Zeit auf eine Suppe in seine Küche ein und heizte uns am Samstagmorgen immer rechtzeitig den Kohleofen im gemeinsamen Bad an, damit wir warmes Wasser zum Baden hatten. Dennoch lebten wir selbstständig und unabhängig voneinander. Es war wie eine Mehrgenerationen-WG, die ohne viele Absprachen gut funktionierte.

Hans und ich liebten es, nach den Vorlesungen durch die Stadt zu schlendern, immer auf der Suche nach neuen, unbekannten Seiten in diesem schillernden Berlin. Und die gab es reichlich. Aus unserem gediegenen, so bürgerlichen Charlottenburg kommend, mochten wir die Stadtteile, wo das Leben auf ganz andere Weise tobte. Besonders angetan hatte es uns Kreuzberg, durch das ein Stück der Berliner Mauer führte. Es war die Zeit der legendären Hausbesetzungen in den 1980er-Jahren. Nach der 68er-Revolte hatte sich hier eine bunte, aber auch schräge Mischung von Menschen versammelt. Künstler, Aussteiger, Wehrdienstverweigerer, Außenseiter, Existenzialisten, Linksintellektuelle und Arbeitslose. Kurz: Menschen, die meinen eher konservativen Eltern und Großeltern einen Schreck eingejagt hätten und die ich in meiner Kindheit und Jugend auf dem Dorf im Ruhrpott nie zu Gesicht bekommen hatte. Damals kannte man noch keine Gentrifizierung und auch keine Luxussanierungen, die Gründerzeithäuser waren in der Mehrzahl grau und ziemlich marode. Die Stadt hatte damals radikale Kahlschlagpläne, ganze Straßenzüge sollten durch eintönige Neubauten ersetzt werden. Glücklicherweise wehrten sich die alteingeses-

II. Leben

senen Kreuzberger und ihre Unterstützer dann mit Hausbesetzungen gegen diese Vorhaben. Die alternative Kreuzberger Szene mit ihrem oft etwas rauen Charme hatte es uns damals angetan. Es gab schräge Eckkneipen wie „Die rote Harfe", „Zum wilden Eber", den unfassbar billigen „Leierkasten" und die „Malkiste". Legendär war auch Lucie Leydicke mit ihrer Destillerie in der Mansteinstraße an der Grenze zu Schöneberg. Die ist übrigens heute immer noch am selben Ort und nach wie vor Kult. Egal ob Zitronenlikör, Persiko oder Eierlikör, hier war alles köstlich, herrlich süß – und Kopfschmerzen waren oft vorprogrammiert. Ab und an stürmte auch mal ein Trupp Polizisten die Kneipen des Stadtteils, der als terroristenfreundlich galt. Dazu muss man wissen, dass die Rote Armee Fraktion damals ihre Hochzeit hatte.

Doch so wunderbar bunt und schrill Berlin auch war, es war dennoch eine zweigeteilte Stadt und eine Insel mitten in der DDR. Das hatte auch etwas Beklemmendes. Besonders deutlich wurde mir das immer, wenn ich meine Mutter in Westdeutschland besuchte und den Weg von Berlin nach Bottrop mit dem Auto oder mit der Bahn zurücklegte. Vor diesen Reisen hatte ich immer Angst, denn das Gefühl der Überwachung und Unfreiheit hatte etwas Bedrohliches.

Wenn der Zug am Grenzübergang Helmstedt stoppte, stiegen streng dreinblickende Grenzbeamte mit schussbereiten Gewehren zu. Augenblicklich fühlte ich mich wie erstarrt. Sobald die Abteiltür von den Beamten aufgeschoben wurde, hatte ich das Gefühl, es fegte plötzlich ein eiskalter Wind ins Abteil. Keiner von ihnen zeigte irgendeine Regung im Gesicht, geschweige denn ein Lächeln. Ich fühlte mich machtlos und der Situation hilflos ausgeliefert. Selbst wenn junge Mitreisende vorher noch ein paar flapsige Bemerkungen über die DDR und ihr fragwürdiges System gemacht hatten, verstummten sie spätestens in dem Moment, als die Abteiltür aufging. Offenbar hatte jeder Angst oder zumindest großen Respekt vor dieser seltsamen Prozedur. Vieles war einfach nur Schikane: Hatte man viel Glück, musste man nur den Personalausweis zeigen, mit etwas weniger Glück wurden auch noch die Koffer durchsucht. Wenn die Tür dann endlich wieder zuglitt, ging als Erstes ein tiefes Durchatmen durch das Abteil. Doch die Angst unter uns Fahrgästen löste sich erst richtig, wenn sich der Zug nach 20 bis 40 quälenden Minuten Wartezeit an der Grenze endlich wieder in Bewegung setzte.

Noch hilfloser fühlte ich mich übrigens, wenn ich mit dem Auto nach Berlin reiste. Einmal hatte ich eine Panne auf der Transitstrecke und war sofort von Grenzpolizisten umringt. Sie eskortierten mich zu einem Autohof, wo ich mich wieder und wieder rechtfertigen musste. Dann musste ich im Auto warten, und erst Stunden später durfte ich weiterfahren. Danach war ich von Angstschweiß buchstäblich durchnässt. Auch die Kontrollen an der Grenze verliefen niemals gleich und waren unberechenbar. Es gab Tage, an denen man nach kurzer Zeit passieren durfte. Es gab aber auch solche, an denen die Beamten mit Spiegeln an gekrümmten Stativen den Unterboden des Fahrzeugs kontrollierten. Aussteigen mussten wir eigentlich jedes Mal, und auch „Gänsefleisch" gab es fast immer …

In breitestem Sächsisch wurde ich mehr als einmal mit den Worten „Gännse vleisch ma'n Kofferraum uffmachn?" dazu aufgefordert, den Beamten in das Auto gucken zu lassen. Heute lache ich über den Satz, damals fand ich ihn gar nicht komisch.

II. Leben

Sobald ich den Schutzraum meines Autos verlassen hatte, fühlte ich mich ausgeliefert und ein bisschen wie Freiwild, das zum Abschuss freigegeben ist. Bei der Ankunft in Westberlin war meine Angst augenblicklich wie weggeblasen. Wenn ich am Bahnhof Zoo aus dem Zug stieg oder auf der Stadtautobahn den Funkturm passierte, war das Leben plötzlich wieder bunt, hell und fröhlich. Das fühlte sich an wie eine Belohnung für die zuvor erlittene Angst, Unsicherheit und Schikane. Nach der Tristesse, die ich durchfahren hatte, kam jetzt das pralle Leben auf mich zu und erschlug mich jedes Mal fast auch ein bisschen. In Berlin selbst fühlte ich mich immer total sicher. Und hier schätzte ich auch besonders das, was wir hatten und was die Menschen in der DDR sich wohl wünschten: die Freiheit, gehen zu können, wohin man möchte.

Häufig unternahmen Hans und ich auch kleine Exkursionen nach Ostberlin. Diese Reisen waren immer eine ganz besondere nervliche Belastung. Am Bahnhof Friedrichstraße gab es den Grenzübergang vom West- in den Ostteil der Stadt, auch Tränenpalast genannt. Diesen Name bekam er, da hier die DDR-Bürger, die zum Großteil nicht nach Westberlin reisen durften, unter Tränen von ihren Verwandten aus dem Westen Abschied nahmen. Ich hätte diesen Ort an seinem typischen Geruch auch mit geschlossenen Augen erkannt. Es roch dort immer stark nach chlorhaltigen Reinigungsmitteln, gemischt mit dem charakteristischen Duft der DDR: Braunkohle. Oben an den Fenstern standen die Beamten der DDR-Grenzpolizei mit schussbereiten Gewehren. Ein gruseliges Szenario.

Unser erster Weg führte uns meist um die Ecke in die Straße „Unter den Linden". Heute ist das ein stark befahrener, quirliger Prachtboulevard mit vielen Geschäften, der Staatsoper, der St.-Hedwigs-Kathedrale, dem Zeughaus und dem legendären Hotel Adlon. Wenn wir damals dort entlangliefen, war es dunkel, grau und menschenleer. Statt bunter Modeläden und Cafés wie heute gab es nur ein Schallplattengeschäft und einen Laden, in dem Meissner Porzellan angeboten wurde. Überhaupt war der Osten gekennzeichnet durch das Fehlen bunter Leuchtreklame und wirkte dadurch immer sehr düster. Die einzigen Farben spendete der Sommer, wenn Blumen sowie Sträucher blühten und die Bäume grün waren.

Faszinierend, aber auch Furcht einflößend fand ich das im sozialistischen Klassizismus erbaute Gebäude der Russischen Botschaft in der Straße. Es strahlte für mich eine sehr, sehr kalte, harte Pracht aus. Es gibt Orte, die mit einem Bannkreis umgeben zu sein scheinen, den man besser nicht durchbricht. Diese Botschaft ist für mich so ein Ort, dem ich ungern zu nah komme. Da bekomme ich auch heute noch Gänsehaut und wechsle immer die Straßenseite. Auffallend war, dass der Ostteil Berlins im Vergleich zum Westen unglaublich aufgeräumt und ordentlich wirkte. Es gab keine Hippies, keine Bettler, keine Obdachlosen und keine Drogensüchtigen. Zumindest waren sie im Stadtbild nicht auszumachen.

Unser Weg führte uns meistens auch nach Köpenick. Dort gab es viele nette Kneipen, die besonders bei Studenten beliebt waren. Mir mussten ja unser „Eintrittsgeld", also den Zwangsumtausch von zehn Ostmark, irgendwie loswerden ... Unsere Ostberliner Kommilitonen waren immer sehr interessiert an dem Austausch mit uns Westlern. Aber ein richtiger Austausch war es dann doch nicht, da die Gespräche meist sehr einseitig verliefen.

II. Leben

Unsere Ostkommilitonen saugten unsere Schilderungen von „drüben" regelrecht auf. Wir erzählten von den Filmen, die bei uns gerade anliefen und davon welche Modetrends im Westen en vogue waren. Die Oststudenten waren dagegen eher zurückhaltend. Vermutlich hatten sie in der Öffentlichkeit auch einfach Angst, dass jemand am Nebentisch mithören konnte. Über Politisches oder Grenzzwischenfälle wurde nie geredet. Auch hat niemals einer der Studenten uns gegenüber den Wunsch geäußert, dass er gern im Westen leben würde. Freunde aus Westberlin hatten das allerdings erlebt. Sie wurden ganz offen bei einem Besuch im Ostteil nach Kontakten und Organisationen gefragt, die bei der Flucht behilflich sein könnten. Bei den Studenten, die wir trafen, hatte ich eher das Gefühl, dass sie im Osten bleiben wollten, um von innen heraus etwas zu verändern. Eine sanfte Revolution also, die noch so viele Jahre auf sich warten lassen sollte …

Die Begegnungen in den Kneipen waren übrigens immer zufällig, man hatte sich nie verabredet. Und wir trafen dieselben Studenten auch nie ein zweites Mal. Es herrschte einfach überall eine sehr große Vorsicht. Das war auch bei der Fahrt mit der Straßenbahn zu spüren. Die Menschen unterhielten sich nicht lautstark und angeregt, wie man das heute aus Bussen und Bahnen kennt, sondern saßen eher still da. Wenn sie dann tatsächlich sprachen, wechselten sie eher belanglose Sätze.

Bei unserer Rückkehr aus Ostberlin musste ich in der Kabine mit dem Abfertigungsschalter an der Friedrichstraße jedes Mal ganz tief einatmen und für einen Moment lang die Luft anhalten – um dann tief auszuatmen, wenn mir der Summer nach unendlich lang erscheinenden Minuten die Tür zur Westseite öffnete.

Dieses zweigeteilte Deutschland, das war für mich damals eine fixe, unabänderliche Größe in meinem Leben. Niemals hätte ich damit gerechnet, dass sich das irgendwann ändern würde. Die Grenzen wirkten so gefestigt, die politischen Fronten so verhärtet und die Denkansätze so konträr. Doch die Geschichte zeigte, dass es nicht so unabänderlich war – und die Mauer fiel dann tatsächlich. Damals wohnten wir im Emsland und haben an diesem 9. November 1989 wie wohl fast die ganze Republik gebannt in den Fernseher gestarrt. Ich war erleichtert, dass der Mauerfall so friedlich ablief. Alles hat sich gefügt, und das Gute hat sich letztlich durchgesetzt.

Hans war begeistert von der offenen Grenze und wollte unbedingt nach Ostdeutschland. Wir zogen dann nach einem halben Jahr nach Mecklenburg-Vorpommern. Dort waren wir die erste Familie aus dem Westen – und hatten es auch nicht ganz leicht. Ein Beispiel: Meine Tochter hatte einen sehr guten Freund gefunden, der schwul war. Er wurde von mehreren jungen Männern krankenhausreif geprügelt. Einfach so, sein Äußeres und seine sexuelle Orientierung passten ihnen nicht. Ursprünglich wollte er unbedingt Friseur werden, doch das war in der DDR undenkbar. Friseure hatten weiblich zu sein. Nach diesem Vorfall zog er dann die Konsequenzen und ging von der ostdeutschen Kleinstadt ins tolerantere Berlin. Heute betreibt er dort sehr erfolgreich eine Bar, und meine Tochter hat noch immer Kontakt zu ihm.

Etwas wunderbares haben wir übrigens aus unserer Zeit im Osten mitgenommen: Mein zweitältester Sohn lernte dort seine Frau kennen, und ein Schulkamerad meines Sohnes Johannes ist heute Kompagnon in seiner Anwaltskanzlei.

Müde Kinder, ferne Väter

Mein Studium der Kunstgeschichte machte mir sehr viel Freude. Ich hatte die Fachrichtung ganz bewusst gewählt, da mich Kunst und ihre Entwicklung in den vergangenen Jahrhunderten sehr interessierte und ich das möglicherweise lange Warten auf einen Arbeitsplatz als Sozialpädagogin so sinnvoll wie möglich gestalten wollte. Nur Kellnern oder irgendein x-beliebiger Job, das wäre nichts für mich gewesen. Doch nach wenigen Monaten war es bereits so weit: Die Diakonie hatte eine Stelle ausgeschrieben, die genau meinen Vorstellungen entsprach. Damals wurden in Berlin und in Westdeutschland händeringend Erzieher gesucht, und mir wurde die Leitung einer Kindertagesstätte mit Hort für zwei- bis 16-jährige Kinder im Wedding – damals wie heute ein sozialer Brennpunkt – angeboten. Da mich die Arbeit mit Kindern stark reizte, sagte ich sofort zu.

Ich war die einzige und noch dazu die jüngste Mitarbeiterin unter lauter Berlinern, keine ganz leichte Aufgabe. Die Berliner Kollegen waren nicht unfreundlich zu mir und grenzten mich auch nicht aus. Sie waren vielmehr skeptisch, ob eine junge Zugereiste aus der Provinz es denn hier in diesem Moloch überhaupt packen würde. Wir waren sechs Mitarbeiter in der Einrichtung und leisteten uns sogar den Luxus einer eigenen Köchin. 90 Prozent meiner Kinder hatten einen Migrationshintergrund. Ihre Eltern waren Gastarbeiter der ersten Generation, die ab 1960 aus Griechenland, Jugoslawien und der Türkei auf Einladung der Bundesrepublik nach Deutschland gekommen waren. Viele Mütter der Kinder hatten Fließbandjobs, die Väter waren meist mit schweren und schmutzigen Aufgaben betraut, arbeiteten in Schichten und oft auch im Akkord. Schnell fiel mir auf, wie viel leichter sich die Frauen im Gegensatz zu ihren Männern integrierten.

Sie sprachen besser Deutsch und hatten auch Kontakte außerhalb ihrer eigenen Gemeinschaft. Die Väter dagegen saßen nach der Arbeit oft mit ihren Landsleuten in der Teestube, lernten die deutsche Sprache nur sehr schleppend und schienen gedanklich schon auf dem Sprung zurück in die Heimat zu sein. Schwierig war es auch, die Arbeitszeiten der Eltern mit den Öffnungszeiten unserer Kita in Einklang zu bringen.

Das ist auch heute noch ein Problem für viele Eltern, die keinen Nine-to-five-Job haben oder ihren Arbeitsplatz nicht immer auf die Minute pünktlich verlassen können, damals allerdings war es noch extremer. Da eine Vielzahl der Frauen bereits um halb sechs ihre Frühschicht beginnen musste und wir erst um sechs öffneten, standen deren Kinder bereits morgens mehr als eine halbe Stunde allein vor der noch geschlossenen Tür der Kita. Das war besonders hart im Winter, wenn die Kinder mit blauen Lippen, klappernden Zähnen, kalten Händchen und noch hundemüde darauf warteten, endlich ins Warme zu kommen.

Aufgrund der sozialen Situation wurden die Kinder manchmal auch krank in den Kindergarten gebracht. Aus Kostengründen oder womöglich auch aus Misstrauen gegenüber einer fremden Kultur gingen viele Eltern erst gar nicht mit ihrem Nachwuchs zum Arzt. Dann wurde lieber mit eigenen Hausmitteln behandelt. Wenn die Kinder sich verletzt hatten, wurde beispielsweise Zahncreme auf die Wunden gestrichen, Husten oder Schnupfen wurden mit seltsam duftenden Kräutersalben oder -ölen kuriert.

Mit den Müttern kam ich in der Regel gut klar, schwieriger war es mit den Vätern. Viele von ihnen waren misstrauisch und sehr distanziert. Die Hierarchien aus der Heimat waren deutlich zu spüren, aufgeschlossene Väter galten als die absolute Ausnahme. Bei Festen, die wir in der Kita damals reichlich feierten, war das deutlich zu sehen: Einige wenige Mütter erschienen, Väter hingegen selten bis nie. Die kleineren Kinder waren in der Mehrzahl sehr aufgeschlossen, leicht zu begeistern und lernten auch die deutsche Sprache erstaunlich schnell. Die älteren Hortkinder allerdings, von denen einige schon in der Pubertät waren, konnte ich mit meiner Erziehung oft nicht mehr erreichen.

Die Hortkinder sollten nach der Schule zu uns kommen, um ihre Hausaufgaben zu machen und um ein wenig Aufsicht zu haben. Doch viele erschienen gar nicht erst bei uns, sondern trieben sich lieber mit ihrer Gang auf der Straße rum. Ich konnte wenig tun, außer Strichlisten führen und Berichte schreiben. Eine rechtliche Pflicht, in den Hort zu gehen, vergleichsweise der Schulpflicht, gab es leider nicht.

1 + 1 = 3

Nach drei Jahren mit meinen Kindern in der Kita kündigte sich unser erstes eigenes Kind an – Anfang 1976 war ich schwanger, mit 26 Jahren. Ich weiß noch ganz genau, dass ich im Pergamon-Museum allein vor dem Pergamonaltar stand und mir schlagartig klar war, dass ich guter Hoffnung war. Vom Altar spürte ich eine Verbindung zu mir, wie eine warme Ahnung. Geradezu göttlich. Ich habe dann zur Bestätigung einen Test gemacht, der natürlich positiv war.

Johannes kam am 21. Dezember in meiner Lieblingsstadt zur Welt, Hans und ich freuten uns wahnsinnig über unser erstes Kind. Wir wohnten damals noch in der Wohnung mit dem älteren Herrn in Charlottenburg. Er schenkte uns zur Geburt unseres Sohnes einen wunderschönen Steiff-Teddybären, den ich noch heute habe. Johannes' Geburt jedoch war ein kleines Trauma.

Mein Ex-Mann Hans und ich frühstückten am Morgen des 21. Dezembers gerade noch gemütlich, es gab Tee und Weihnachtsstollen, im Radio lief „Money, Money, Money", der allerneueste Hit von ABBA. In den Tagen zuvor hatte ich immer wieder kleine, harmlose Wehen wahrgenommen. Dabei war mein Bauch immer ganz hart geworden. Jetzt aber fühlte sich das Ganze anders an. Es drückte alle zehn Minuten stark, zog im Rücken und Unterleib und schien mehr ein Krampf zu sein. Mein Mann kam auf die Idee, mir mit einem warmen Bad Linderung zu verschaffen.

Das war zwar lieb gemeint, aber leider die völlig falsche Maßnahme. Nach fünf Minuten im Wasser verließ ich fluchtartig die Wanne, da die Wehen immer stärker wurden und ich spürte: Jetzt geht es wirklich los. Mein Klinikkoffer stand bereits seit Tagen gepackt in der Ecke – und so düsten wir mit unserem kleinen Citroën Dyane los in die Klinik.

Auf Anraten einer Freundin hatte ich mir für die Entbindung eine Klinik in der Nähe des Charlottenburger Schlosses ausgesucht. Das Haus hatte seinerzeit den Ruf, eine der modernsten Entbindungskliniken Europas zu sein. Damals kam es gerade in Mode, dass Väter bei der Geburt ihrer Kinder dabei sind. Hans hatte mit mir bereits einen Wickelkurs besucht und stand nun auch tapfer im Kreißsaal. Er machte seine Sache auch wirklich gut und unterstützte mich, soweit das eben auf diesem Nebenschauplatz als werdender Vater geht. Seine Gegenwart und sei-

II. Leben

ne Ruhe taten mir gut, denn hier gab es weitaus mehr Apparate als Menschen. Und genau das machte mir trotz der damit signalisierten Sicherheit Angst, und ich fühlte mich dort entsetzlich hilflos und alleingelassen. Zunächst wurde ich über Stunden an einen Wehenschreiber angeschlossen. Und das passierte ausgerechnet mir, die ich mich doch so gern bewegte und jetzt mit den in immer kürzeren Intervallen anrollenden Wehen erst recht viel lieber herumgelaufen wäre. Doch so etwas wie ein Selbstbestimmungsrecht von Schwangeren war, zumindest in dieser Klinik, noch nicht bekannt. Alle Frauen erfuhren die gleiche Behandlung, auf individuelle Bedürfnisse wurde keine Rücksicht genommen. Als die Wehen stärker wurden, kam ich auf den Entbindungstisch und wurde dort festgeschnallt. Unmittelbar neben mir lagen sechs weitere Frauen, jede in einer nur mit einem Vorhang abgetrennten Kabine. Jede von ihnen litt mehr oder weniger lautstark vor sich hin. Dazu gab es einen Arzt, der das Geschehen auf einem Monitor überwachte. Es glich einem Szenario aus einem Science-Fiction-Film, ich fühlte mich wie in einer Gebärfabrik. Auch mit der Hebamme hatte ich wenig Glück. Sie war jung, nicht besonders empathisch und schien ihren Job nach Vorschrift zu machen, nicht mehr. Anfeuern, Mutmachen, Loben, Trösten – das alles kannte sie offensichtlich nicht.

Und als ob das nicht alles schon genug gewesen wäre, hatte ich auch noch mit der Rückenmarksnarkose, der PDA, außerordentliches Pech. Während der Geburt hatte die Anästhesie überhaupt nicht gewirkt – dafür einen Tag später! 24 Stunden nach der Geburt konnte ich meine Beine plötzlich weder bewegen noch spüren. Das war mehr als beängstigend und wohl ein echter ärztlicher Kunstfehler.

Trotz aller Widrigkeiten kam Johannes irgendwie auf die Welt – und sein Anblick entschädigte mich für den Horror rund um seine Geburt. Er sah schon recht „fertig" aus, war groß und kräftig und das ist er bis heute noch. Alle unsere Kinder sind sich in ihrer Statur ähnlich. Keines hat meine schmale Gestalt mitbekommen, sie ähneln alle eher meinem Ex-Mann. Oder aber meiner Großmutter, wie man das auch immer sehen will... Johannes war kein pflegeleichtes Kind. Er schlief wenig, hatte immer einen großen Bewegungsdrang und einen sehr gesunden Appetit. Aber er lächelte viel. Das ist bis heute so geblieben. Mit seinem schelmischen Lachen hat er es mehr als einmal geschafft, dass ich ihm auch im größten Schlamassel schnell wieder verzieh.

Über Anna...

„Ich habe meine Mutter nie als typische Mutter im landläufigen Sinn wahrgenommen. Sie hat uns Kindern nur wenige, aber in meinen Augen sinnvolle Grenzen gesetzt, uns vor allem Toleranz gelehrt und uns nur selten bestraft. Ich habe ihre Erziehung eher als eine Art Anleitung zur Selbsthilfe gesehen.

Zweieinhalb Jahre war ich Einzelkind, dann kam mein Bruder Wilhelm auf die Welt. Für mich war die Zeit, die ich mit meiner Mutter verbringen konnte, einfach wunderschön. Umso weniger konnte ich es verstehen, dass sie mich irgendwann in den Kindergarten geben wollte. Und das endete dann auch in einer mittleren Katastrophe. Ich wollte partout nicht die schönen Stunden, die ich allein mit meiner Mutter zu Hause verbrachte, gegen eine Spielgruppe, in der ich einer von vielen war, eintauschen.

Wochenlang wehrte ich mich mit Schreikrämpfen, Wutanfällen und Auf-den-Boden-Schmeißen so heftig gegen den Kindergarten,

II. Leben

dass meine Mutter irgendwann aufgab und mich dauerhaft zu Hause behielt. Ich genoss meinen kleinen Sieg – aber noch mehr genoss ich die Ausflüge mit ihr. Oftmals fuhr sie mit mir, einfach so unter der Woche, für einen Tag ans Meer. Wir wohnten in der Zeit schon in Lübeck, da war die Ostsee nicht weit.

Wenn wir nicht am Wasser waren, spielte ich gemeinsam mit meinem Bruder, der 1979 geboren wurde, in unserem wunderschönen Garten. Auch da hat sie immer sehr klar Position gegenüber ihren Kindern bezogen, ohne rücksichtslos gegenüber anderen zu sein. Ich erinnere mich noch an einen Nachbarn, der sich über den Lärm von uns Kindern beschwerte. Daraufhin hat sie uns die Mittagszeit über im Haus behalten, dem Nachbarn aber auch deutlich gemacht, dass er Kinderlärm zu normalen Tageszeiten einfach akzeptieren müsse.

Hoch anrechnen muss ich meiner Mutter im Rückblick, wie viel Freiheit sie mir immer ließ und wie wenig Glucke oder Übermutter sie war. Damals kannte man den Begriff ‚Helikoptereltern‘ noch nicht, die Spezies allerdings gab es trotzdem schon. Viele meiner Freunde konnten ein Lied davon singen. Ich dagegen durfte bereits mit fünf Jahren auf meinem Fahrrad durch die Lübecker Innenstadt fahren. Heute habe ich selbst fünf Kinder – und ich weiß genau, dass mir schon beim Gedanken daran, mein heute siebenjähriger Sohn Theo würde allein mit dem Fahrrad durch den Berliner Straßenverkehr fahren, der Atem stockt. Ich würde das gar nicht erst erlauben.

Nach meinem Kindergarten-Desaster fiel mir der soziale Umgang mit anderen in der Schule dann deutlich leichter. Ich hatte mich offenbar bis dahin von meiner Mutter abgenabelt. Einfach hatte sie es mit mir zu Schulzeiten dennoch nicht. Ich war immer ein sehr freiheitsliebendes, abenteuerlustiges Kind, und die Schule war mir einfach nicht so wichtig.

Wir wohnten an der Wakenitz, einem wildromantischen Neben-
fluss der Trave. Und statt mich meinen Schulaufgaben zu widmen, lief
ich hier lieber stundenlang durchs Dickicht, baute Indianerhütten oder
angelte. Meine Mutter fand all das zwar nicht toll, aber ich nehme an,
dass sie sich an ihre eigene Schulzeit erinnerte, in der es ihr ja ganz
ähnlich ging. Mehr noch: Sie nahm mich und meine Leistungen sogar
mehrfach gegenüber meinen Lehrern in Schutz. Ihre Kritik galt damals
oft dem staatlichen Schulsystem, das nur sehr wenig Individualität
oder Abweichungen von der Norm zuließ.

Meine Pubertät verlief durch ihre Art der Erziehung deshalb auch
sehr entspannt. Da sie mir nur wenige Grenzen setzte, gab es auch
nichts, wogegen ich wirklich hätte rebellieren können. Und da sich
mein Vater meist aus der Erziehung raushielt, wuchs ich sehr frei und
entspannt auf.

Leider packte mich der Lerneifer auch auf dem Gymnasium nicht
wirklich, und so hangelte ich mich dann mit Müh und Not von
Klasse zu Klasse. Richtig Druck machte meine Mutter dann erst
kurz vor dem Abitur, das ich zumindest nach dem von Rüden'schen
Wahlspruch ‚Wer spricht vom Siegen, überleben ist alles' unbedingt
schaffen sollte.

Ihr Druck bestand allerdings nicht in Bestrafungen und Verboten,
sie besorgte mir ganz einfach einen richtig guten Nachhilfelehrer, der
mich mit sehr viel Menschengespür und kluger Didaktik dazu brach-
te, mich doch noch auf den Hosenboden zu setzen – und das Abi
letztlich zu bestehen.

Da meine Mutter mir immer sehr viel Freiraum ließ, gab es auch
keine großen Brüche oder Abnabelungsprozesse in der Beziehung
zwischen uns. Natürlich war ich irgendwann erwachsen und lebte
mein eigenes Leben, aber dennoch hatte ich auch da nie das Gefühl,
mich auf irgendeine Art von meiner Mutter befreien zu müssen.

II. Leben

Sehr hoch rechne ich ihr übrigens ihre wunderbare Gabe an, die Partnerinnen von mir und meinen Brüdern immer aufs herzlichste willkommen zu heißen. Sie hat nie die eifersüchtige Mutter gegeben, die Angst hatte, dass eine Frau ihr den Sohn wegnehmen könnte. Vielmehr hat sie jedes neue Mitglied in unserer großen Familie als zusätzliche Bereicherung gesehen. Und selbst wenn ihr mal eine Partnerin oder ein Partner, von denen es natürlich im Lauf der Jahre so einige gab, nicht so gefiel, hat sie es sich nie anmerken lassen und auch keine negativen Worte über diesen Menschen verloren. So weiß ich gerade von meiner Schwester, dass da der eine oder andere Mann aufgetaucht ist, der nicht unbedingt ihr Traumschwiegersohn war. Dennoch hat meine Mutter nie versucht, Elisabeth, meine Brüder oder mich in unserer Partnerwahl irgendwie zu beeinflussen.

Umgekehrt muss ich gestehen, dass es meinen Geschwistern und mir nicht ganz so leichtfiel, als sie vor einigen Jahren ihren Freund Michael kennenlernte. Ein neuer Mann in ihrem Leben, und noch dazu ein so großer Altersunterschied. Ich kann schon sagen, dass wir damals alle etwas irritiert, aber natürlich auch neugierig auf den Nachfolger unseres Vaters waren. Michael hatte es zu Beginn ihrer Beziehung auch nicht ganz leicht. Wir haben damals wohl ein bisschen zu kritisch hingeschaut und sind zu Löwenkindern mutiert, die ihre Mutter unbedingt beschützen wollten. Wovor auch immer ... Nach einiger Zeit haben wir allerdings gemerkt, dass Michael ihr guttut und sie die meiste Zeit mit ihm glücklich ist. Auch wenn ich persönlich denke, dass der Altersunterschied in dieser Beziehung nicht immer einfach ist. Und letztlich haben meine Geschwister und ich es dann genauso gehandhabt, wie sie es uns beigebracht hat: Wir haben sie einfach machen lassen, zugeschaut und versucht, von unseren Vorurteilen abzurücken.

Ich bewundere meine Mutter sehr dafür, wie stark sie sich für ihre Enkel engagiert, sie geht in ihrer Großmutterrolle voll und ganz auf.

Manchmal möchte ich sie da fast ein bisschen bremsen, wenn sie sich die Tage wieder mal mit Enkel-Sitting vollgepackt hat, abends zu ihrem Michael und dann noch einmal im Monat zu ihrer Mutter und ihrer doch recht kranken Schwester nach Essen fährt. Ich habe ihr oft geraten, es doch mal etwas ruhiger angehen zu lassen und das Leben mehr zu genießen. Heute weiß ich, dass eben genau das für sie Leben ist und dieses Vollgasgeben sie jung und fit hält. Das Geheimnis meiner Mutter ist vermutlich eine unglaublich positive Lebenseinstellung mit einem Hang zur Selbstironie.

Wenn ich jemandem die besten Charaktereigenschaften meiner Mutter beschreiben sollte, dann würde ich ohne Hinblick auf die Reihenfolge sagen: Toleranz, Verrücktheit und Liebe."

Johannes

Neue Heimat Holstentor

Unsere aufregende Berliner Zeit endete bereits kurz nach Johannes' Geburt. Mein Ex-Mann hatte eine attraktive Stelle in einem Architekturbüro in Lübeck angeboten bekommen, die er nicht ausschlagen konnte. Ich kannte Lübeck bisher nur von Bildern, hatte aber durchaus positive Assoziationen mit der Stadt und war mehr als gespannt, was uns dort erwarten würde. Ich wurde nicht enttäuscht. Nach der brodelnden Großstadt Berlin war Lübeck eine Art großes Bullerbü. Alles war irgendwie sehr pittoresk, kuschelig und bereits nach kurzer Zeit vertraut. Das dicke, so gemütlich wirkende Holstentor, die schöne Altstadt, die wunderbare Backsteingotik, zauberhafte kleine Cafés – all das gefiel mir sehr. Und das Schönste: Die Ostsee lag praktisch vor der Haustür. Das Meer war und ist für mich Lebenselixier.

II. Leben

Hier, in der Weite, bekomme ich innerhalb von wenigen Minuten den Kopf frei und kann laufen, laufen, laufen ...

Zudem war Lübeck ideal, um mit Kindern dort zu leben. Die Stadt war überschaubar, die Wege waren relativ kurz, man konnte dort alle Einkäufe mit dem Fahrrad erledigen. Die Menschen waren unglaublich freundlich und schienen mehr Zeit zu haben als die hektischen, manchmal etwas schnoddrig wirkenden Berliner. In unserer ersten Zeit hatten wir eine sehr schöne Wohnung in der Stadt gemietet. In dem Haus wohnten nur junge Familien, und es ging fast ein bisschen wie in einer großen WG bei uns zu: Mal gab es bei uns ein großes Abendessen mit vielen Erwachsenen und Kindern. Ein paar Tage später trafen wir uns dann alle gemeinsam in der Wohnung unter oder über uns. Es wurde immer gut gekocht, der Wein floss in Strömen, wir debattierten über Gott und die Welt und hatten Spaß an diesem unbeschwerten Leben.

Im Spätsommer 1978 war ich wieder schwanger, und auch diesmal freuten sich Hans und ich über dieses kostbare Geschenk. Johannes war mittlerweile zwei Jahre alt, und ich musste ihn so mit meiner Freude angesteckt haben, dass er sich oft mit einfachen Sätzen danach erkundigte, wann denn „die neue Bruder" endlich käme. Im April 1979 war es so weit – Wilhelm kam auf die Welt. Das Geburtserlebnis war ein völlig anderes als damals in Berlin bei Johannes' Entbindung. Ich hatte mich für ein konfessionelles Krankenhaus entschieden, das von Nonnen geleitet wurde, in dem eine beruhigende, warme Atmosphäre vorherrschte. Hier ging es deutlich menschlicher zu als in der hochtechnisierten Entbindungsklinik in Berlin, aber auch ein

wenig konservativer. So durfte Hans zwar mit in den Kreißsaal kommen, musste ihn aber für die „heiße" Phase der Geburt
kurzzeitig verlassen. In Lübeck machte es beinahe Spaß, Kinder zu bekommen. Hier gab es keine Vorschriften, und keiner
schnallte mich am Wehenschreiber fest. Ich durfte mich hinle-
gen, wann ich wollte, und ich konnte mich bewegen, wenn mir
danach war. Und so kam Wilhelm denn auch fast im Laufen zur
Welt. Mühelos und ohne Komplikationen.

Eine PDA hatte ich damals abgelehnt, mir war das unange-
nehme Erlebnis bei der Geburt drei Jahre zuvor noch allzu präsent. Das Herumlaufen half mir enorm dabei, den Schmerz zu
kompensieren. Und auch wenn ich beileibe keine Heldin bin
und jede Frau verstehen kann, die sich eine PDA geben lässt,
hatte ich bei all meinen Geburten das Gefühl, dass Schmerzen
einfach dazugehören. Schmerz und Glück liegen bekanntlich
nah beieinander.

Winnewonne Wilhelm

Wilhelm war ein fröhliches Kind und strahlte meist übers ganze Gesicht. Er war etwas zurückhaltender als sein großer Bruder Johannes, der allerdings an Extrovertiertheit auch kaum zu
toppen war. Beide waren von der ersten Minute an sehr innig
miteinander, und Johannes stand ständig an Wilhelms Wiege,
streichelte seinen Kopf und erzählte ihm kleine Geschichten.
Doch Wilhelm war auch sehr eigenwillig. Seinen Namen beispielsweise mochte er als Kind gar nicht. Als er sprechen konnte, stellte er sich lieber als „Winnewonne" oder „Ronny Ruchs,
der Silberfuchs" vor.

II. Leben

Wilhelm zog sich schon als Kind eher ungewöhnlich an. Er liebte kräftige Farben wie Rot, Orange und Gelb, was für einen Jungen seiner Generation ziemlich ausgefallen war. Mir gefielen diese grellen Töne überhaupt nicht, aber ich musste sie ja auch nicht tragen und ließ ihn deshalb gewähren.

Wilhelm war nicht direkt ein Eigenbrötler, aber er brauchte nicht viele Menschen um sich herum. Eine Handvoll Freunde reichten ihm in der Schulzeit völlig aus. Ich war immer verblüfft, wenn ich ihn vor seinem Geburtstag fragte, wen er denn zum Feiern einladen wolle. Meist kamen da nur ein, maximal zwei Namen, das reichte ihm. Aus diesem Grund war er auch nicht ganz so erfreut wie sein großer Bruder, als er nach drei beziehungsweise fünf Jahren noch zwei weitere Geschwister bekam. Ein großer Bruder hätte ihm eigentlich schon gereicht. Wilhelm war trotz der wenigen Freunde ein sehr soziales Kind, hasste Ungerechtigkeit und integrierte sich leicht in der Schulgemeinschaft.

Dennoch galt auch für seine Leistungen das, was für alle von Rüdens, mich eingeschlossen, gilt: Wenn die Schule nicht gewesen wäre, hätte unsere Familie das Paradies auf Erden gehabt. Wilhelm war zudem ein großer Verdrängungskünstler. Was er nicht wahrhaben wollte, fand eben nicht statt. In der Schule erlebte ich deshalb manch böse Überraschung. Wilhelm sagte so lang nichts, bis irgendwann richtig die Bombe hochging. Einmal hatte er so viele Fehlstunden in Mathematik angesammelt, dass seine Versetzung auf der Kippe stand. Er hatte, statt Mathe zu pauken, die Stunden lieber in einem kleinen Café verbracht. Und genau dort hatte ich ihn auch einmal erwischt, gemütlich bei einer heißen Schokolade, tief versunken ins allerneueste Micky-Maus-Heft!

Über Anna...

„Ich hatte eine schöne, liebevolle Kindheit und fühlte mich bei meinen Eltern, insbesondere aber bei meiner Mutter, immer sehr geborgen und verstanden. Jahrelang hat sie frühmorgens das Frühstück für die gesamte Familie zubereitet und musste dabei insbesondere mich gleichzeitig mit guten Worten, Zeit und Geduld aus dem Bett zwingen. Manchmal half allerdings nur ein Glas kaltes Wasser, um mich zum Aufstehen zu bewegen. Danach kutschierte sie uns mit ihrem geliebten VW-Bus in die umliegenden Schulen und Kindergärten und fragte während der Fahrt nebenbei auch noch Vokabeln ab – wenn ich nicht schon wieder eingeschlafen war. Meinen Bruder Johannes und mich fuhr sie später in unserer Zeit in Mecklenburg-Vorpommern in Kneipen, zu Geburtstagsfeiern und Abibällen und holte uns in der Nacht auch wieder ab. Einmal kamen wir dabei in eine Alkoholkontrolle. Johannes und ich saßen ziemlich betrunken auf der Rückbank. Nachdem meine Mutter die Fensterscheibe heruntergedreht hatte und der Alkoholdunst von mindestens einem Kasten Bier aus dem Inneren des Autos nach außen gedrungen war, musste meine Mutter blasen. Da half auch die Beteuerung nichts, dass sie seit 20 Jahren nichts mehr getrunken hatte.

Worauf ich mich immer sehr freute, waren unsere sonntäglichen Mittagessen. Hier traf sich einmal wöchentlich die ganze Familie, und meine Mutter hatte immer etwas Besonderes gekocht. Es war der einzige Tag in der Woche, an dem alle Familienmitglieder am Tisch saßen, über Stunden aßen und sich unterhielten. Das blieb auch später noch so, als wir alle schon Partnerinnen und Partner hatten. Sehr genossen habe ich auch die Familienurlaube, die wir ebenfalls jahrelang mit dem VW-Bus unternahmen. Meist ging es nach Frankreich und England. Im hinteren Teil des Autos lag eine große Matratze, auf der wir Kinder schliefen oder lasen. Streng war meine Mutter nur in

Maßen, und das nicht nachhaltig. Strafen wie Hausarrest oder Ausgehverbot wurden meist kurzfristig wieder aufgehoben. Streit gab es sehr selten zwischen uns und wenn, dann nur wegen der Schule. Ich war ein fauler Schüler und lernte wirklich nur, wenn meine Mutter hinter mir stand oder die Nachhilfelehrerin neben mir saß. Meine Mutter drohte mir des Öfteren damit, mich von der Schule zu nehmen und mich auf den Bau zu schicken. Darauf hatte ich allerdings noch weniger Lust, deswegen kniete ich mich auf den letzten paar Metern noch mal richtig ins Lernen rein. Wir machten dann alle beide tatsächlich drei Kreuze, als ich die Schule mit einer Drei vor dem Komma abschloss. Für diesen jahrelangen Einsatz bin ich ihr heute noch sehr dankbar.

Auch hinsichtlich meiner Freundinnen war meine Mutter immer sehr tolerant und hilfsbereit. Wir wohnten damals in Userin, einem Dorf in Mecklenburg-Vorpommern. Meine Freundin Ines wohnte zwei Dörfer weiter. Busse fuhren damals nicht. Damit wir uns sehen konnten, fuhr uns meine Mutter oft hin und her. Und sie tröstete mich auch, als diese Beziehung dann nach einem Jahr relativ abrupt endete.

Ich fand es immer toll, viele Geschwister zu haben. Wir Kinder verstanden uns überwiegend gut, verbrachten viel Zeit miteinander, aber stritten natürlich auch von Zeit zu Zeit heftigst. Das Aufwachsen in einer großen Familie war für mich sehr prägend, und mir war schnell klar, dass ich ebenfalls viele Kinder haben wollte. Das hat geklappt, meine Frau Ilka und ich sind glückliche Eltern von vier Kindern. Meine Mutter hat sich für jedes ihrer inzwischen elf Enkelkinder viel Zeit genommen und meine Geschwister sowie deren Partner und Partnerinnen dadurch sehr entlastet.

Ihren Model-Job finde ich einfach nur bewundernswert. Sie ist in dieser Beziehung wirklich äußerst ehrgeizig und hat in den letzten Jahren *viel erreicht. Das macht mich stolz. Ihren Freund Michael akzeptiere ich, und wir kommen insgesamt gut miteinander klar. Das Wichtigste ist, dass die beiden zusammen glücklich sind und sich gegenseitig schätzen und respektvoll miteinander umgehen."*

Wilhelm

Kinderkriegen ist doch schwer

Unser Leben in Lübeck plätscherte aufs Angenehmste dahin. Mein Ex-Mann arbeitete viel, ich machte mir mit meinen beiden Kindern das Leben so schön wie möglich. Wir fuhren oft ans Meer, spazierten an der Wakenitz entlang oder entdeckten uns noch unbekannte Bauten oder Museen in Lübeck. Da unsere Familienplanung noch nicht abgeschlossen war, dachten Hans und ich immer öfter über Kind Nummer drei und vier nach. Meine ersten beiden Schwangerschaften waren extrem unkompliziert, die Kinder gesund, und ich hatte auch jedes Mal Glück, sehr schnell schwanger zu werden. Das Kinderkriegen war für mich eine total natürliche Sache. Ich kam gar nicht auf die Idee, dass da jemals etwas schiefgehen könnte.

Dann las ich eine interessante Serie im STERN, die sich mit dem Wunder der Schwangerschaft beschäftigte. Dort war sehr detailliert beschrieben, welche Rädchen alle ineinandergreifen müssen, damit man überhaupt schwanger wird, und was alles klappen muss, damit das Kind gesund im Mutterleib heranwachsen kann. Ich hatte die Serie sehr genau gelesen und begann plötzlich intensiver über das Thema nachzudenken. Wohl ein bisschen zu viel, denn plötzlich wurde ich sehr unsicher, ob auch diesmal alles gutgehen würde.

II. Leben

Kurz darauf wurde ich dann auch zum dritten Mal schwanger. Diesmal hatte ich allerdings ein anderes Gefühl als bei den ersten beiden Schwangerschaften. Vor meinem geistigen Auge tauchte immer wieder der große, komplizierte Mechanismus in meinem Körper auf, der bei einer Schwangerschaft in Gang gesetzt wurde. Und daraus entwickelte ich plötzlich eine regelrechte Panik, wie ich sie bei den ersten Schwangerschaften nie gehabt hatte. Ständig sah ich an mir herunter: Wächst der Busen, werden die Oberschenkel durch die Wassereinlagerungen dicker? Ist wirklich alles so, wie es sein soll? Ich horchte eigentlich permanent in mich hinein.

Zwickte oder drückte es irgendwo, war ich sofort alarmiert. Mehr noch: Ich konnte eigentlich keinen Tag der Schwangerschaft richtig genießen, weil ich unter Daueranspannung lebte.

Am Ende des vierten Monats bekam ich plötzliche Blutungen. Ich ging zu meinem Lübecker Gynäkologen, zu dem ich seit der Schwangerschaft mit Wilhelm großes Vertrauen hatte. Er war einfühlsam, aber auch pragmatisch. Als ich ihm von meinen starken Blutungen erzählte, meinte er nur: „Was in dieser Phase nicht bleiben will, soll man nicht halten." Er hatte eine ganz nüchterne Einstellung zu Fehlgeburten in den ersten Schwangerschaftsmonaten: Ein Embryo geht nur, wenn etwas nicht in Ordnung ist.

Mir war sofort klar, dass da nichts mehr aufzuhalten und die Schwangerschaft zu Ende war. Seltsamerweise reagierte mein Körper sofort auf den Abort, mein Busen war von einer Minute auf die andere erschlafft. Es war, als ob alles von mir abfiel. Ich musste dann zu einer Ausschabung in die Klinik und fühlte mich wie betäubt. Um mich herum lauter frischgebackene Mütter mit ihren Babys, auch zwei meiner Freundinnen waren gerade schwanger. Ich war unendlich traurig und hatte gleichzeitig auch das Gefühl, versagt und das Kind durch meine enormen Ängste aus meinem Körper gedrängt zu haben.

Hans versuchte damals mit seiner pragmatischen Art, mich aus diesem Seelentief ein wenig herauszuholen. Er machte mir Mut, indem er sagte, dass wir ganz sicher noch viele Kinder bekommen könnten. Das half mir in dem Moment vielleicht mehr, als wenn er ebenfalls tieftraurig mit mir händchenhaltend oder gar weinend auf dem Sofa gesessen hätte. Den tiefen Schmerz aber, der natürlich da war, den musste ich letztlich mit mir allein ausmachen.

Er hielt glücklicherweise nicht allzu lang an, es geschah ein kleines Wunder – und ich war bereits acht Wochen später wieder schwanger. Doch das Bild im Kopf und die Angst waren sofort wieder da. Als ob ein Schalter umgelegt worden wäre. Ich schonte mich plötzlich, als wäre ich krank. Trug nicht mehr schwer, wollte mich nicht anstrengen. Kurz: Ich packte mich in Watte und erwartete das auch von meiner Umwelt. Ich fühlte mich wie auf einer Zeitbombe – und bekam natürlich prompt am Ende des vierten Monats wieder Blutungen. Auch diese waren nicht zu stoppen, und ich verlor abermals mein Kind.

Schockiert hat mich damals, dass man zu der Zeit über Fehlgeburten eigentlich nicht sprach. Das war auch unter Betroffenen kein Thema. Es gab weder Selbsthilfegruppen noch andere Foren wie heute, in denen man sich hätte austauschen können. Natürlich sind Fehlgeburten in den ersten Schwangerschaftsmonaten einerseits normal und kommen gar nicht so selten vor, kürzlich las ich von einer Rate von rund 20 Prozent. Dennoch bricht für viele Frauen erst mal die Welt zusammen. Sie haben die Veränderungen ihres Körpers erlebt, sich gefreut und im Ultraschall sogar schon das kleine Herzchen schlagen sehen. Und als ob diese große Traurigkeit nicht gereicht hätte, wurde ich in der Klinik nach der Ausschabung von den Krankenschwestern im Vergleich zu den „echten" Müttern relativ schroff behandelt. Vielleicht dachten sie auch, ich hätte die Fehlgeburt selbst ausgelöst ...

Seltsamerweise war ich nach der zweiten Fehlgeburt wesentlich ruhiger und gefasster als nach der ersten. Das war einfach Schicksal. Und diese zwei Fehlgeburten hatten offenbar auch noch etwas ganz anderes in mir bewirkt: Ich wusste plötzlich, was für ein unglaubliches Glück es ist, zwei gesunde Kinder zu haben. Im Nachhinein hat mir diese Erfahrung geholfen, vieles mehr wertzuschätzen und Dinge deutlich tiefgründiger zu sehen, als ich es zuvor getan hatte.

Nach den beiden Fehlgeburten trug ich eine ziemlich große Angst in mir. Die Angst, dass sich mein großer Lebenstraum von vier Kindern eventuell niemals erfüllen würde. Das ging so weit, dass wir sogar über eine Adoption nachdachten. Hans ging auf meinen Wunsch hin zum Jugendamt und erkundigte sich nach einer Inlandsadoption. Viel Mut konnte man uns dort allerdings nicht machen. Ganz vorn auf der Warteliste standen natürlich Paare, die kinderlos waren. Was ja auch wirklich vernünftig ist.

Herzenskind Elisabeth

Also blieben wir mit der eigenen Familienplanung weiter am Ball. Vielleicht würde es ja ein weiteres Mal klappen mit der Schwangerschaft. Ein Jahr später war es dann tatsächlich so weit.

Diesmal kündigte sich ein kleines Mädchen an. Ich war unendlich glücklich und dankbar.

Während dieser dritten Schwangerschaft hatte ich eine schwere Grippe mit hohem Fieber. Ich fühlte mich sterbenselend und hatte Angst vor einer erneuten Fehlgeburt. Doch das kleine Mädchen in mir hatte sich offenbar festgekrallt – und blieb. Im August 1982 brachte ich in Lübeck ein scheinbar völlig gesundes Mädchen zur Welt, Elisabeth. Sie war normalgewichtig, atmete allerdings zu schnell. Die Ärzte gingen zunächst von ganz normalen Anpassungsstörungen aus. Doch sie trank auch wenig und nahm sehr langsam zu. Das war ein echtes Alarmzeichen, das eine gründlichere Untersuchung erforderlich machte.

Sechs Wochen nach der Geburt stellten die Ärzte ein Loch zwischen Elisabeths rechter und linker Herzkammer fest, ein bei Neugeborenen gar nicht so seltener Defekt. Vermutlich hatte meine Grippe diese Fehlbildung verursacht. In manchen Fällen schließt sich so ein Loch von selbst. Doch das Loch in Elisabeths Herz schloss sich nicht von allein, und sie musste deshalb operiert werden. Es sollte bei der Operation mit einem Patch, also einer Art Pflaster, verschlossen werden. Der Eingriff wird meist nicht direkt nach der Geburt durchgeführt, sollte aber spätestens nach vier bis sechs Monaten erfolgen. Hans und ich waren damals schockiert und unendlich traurig, dass unser kleines Mädchen so krank war. Über allem stand jedoch immer die felsenfeste Überzeugung: Sie und wir schaffen das. Dennoch haben wir öfter über die möglichen Konsequenzen nachgedacht, wenn Elisabeth nicht richtig gesund werden würde. Dann hätten wir sicher, wenn auch schweren Herzens, auf unser viertes Wunschkind verzichtet.

II. Leben

Als Elisabeth ein halbes Jahr alt war, hatte sie endlich einen der begehrten OP-Termine in der Kinderkardiologie des Herzzentrums in Kiel, einer auf diesem Gebiet sehr renommierten Klinik. Dieser Eingriff ist keine Kleinigkeit. Da er am offenen Herzen durchgeführt wird, muss eine Herz-Lungen-Maschine in dieser Zeit die Pumpfunktion des Herzens übernehmen.

Ich erinnere mich noch gut daran, wie ich mit Elisabeth im Auto nach Kiel fuhr. Sie wusste ja nicht, was ihr bevorstand, war fröhlich und brabbelte während der ganzen Autofahrt munter vor sich hin. Ich musste mich stark auf die Fahrt über die Autobahn konzentrieren und hätte so gern jemanden zum Reden an meiner Seite gehabt. Hans war zu Hause geblieben, um sich gemeinsam mit meinen Eltern um unsere beiden anderen Kinder zu kümmern. Im Krankenhaus angekommen, wurden erst mal alle möglichen Voruntersuchungen gemacht, die eigentliche Operation war für den nächsten Tag geplant. Elisabeth schlief tief und fest in dieser Nacht, ich lag in meinem Zustellbett neben ihr wach und wartete darauf, dass es endlich hell wurde. Vor dem Eingriff durfte ich sie noch mal baden, ich wünschte ihr alles Glück dieser Welt und legte sie dann in ihr Bettchen. Bis kurz vor den OP konnte ich sie noch begleiten, dann schlossen sich die Türen.

Seltsamerweise war ich zwar angespannt, aber ich hatte keine Angst. Ich war vielmehr felsenfest davon überzeugt, meine Tochter gesund wieder mit nach Hause nehmen zu können. Ich hatte vollstes Vertrauen zu den Ärzten, Schwestern und Anästhesisten und hoffte nur, dass sie alle in der Nacht zuvor gut geschlafen hatten …

Der Eingriff dauerte rund vier Stunden, ich durfte bei meiner Tochter sein, als sie aus der Narkose aufwachte. Zehn Tage musste sie in der Klinik bleiben, ich hatte mich für die Zeit in einem Hotel in der Nähe eingemietet. Jeden Abend führte ich am Telefon lange Gespräche mit Hans über die kleinen Fortschritte, die Elisabeth täglich machte. Doch das Ergebnis der Operation war leider nicht zufriedenstellend: Ihre auffälligen Herzgeräusche waren immer noch vorhanden, zudem atmete sie weiterhin viel zu schnell. Da das Loch zwischen den Herzkammern jetzt aber verschlossen war und der Zustand damit weniger lebensbedrohlich, wollten die Ärzte erst einmal abwarten, wie sich Elisabeths Zustand entwickelte. Sie sollte nicht unbedingt eine starke Erkältung bekommen, die sie zusätzlich schwächen würde, ansonsten konnte sie vorerst normal weiterleben. Wir packten sie in der Zeit danach deshalb auch nicht in Watte.

Elisabeth war eigentlich immer guter Dinge und nahm ihre kleinen Einschränkungen mit bewundernswerter Geduld hin. Vermutlich auch, weil wir als Eltern kein großes Drama machten und ihr nicht permanent suggerierten, dass sie krank sei. Doch die Unterschiede zu ihren Brüdern waren schon augenfällig. Sie konnte nicht so schnell laufen, ermüdete beim Fahrradfahren rascher. Sie aß wenig und wirkte dadurch immer sehr zart und zerbrechlich.

Als sie sechs war, musste sie leider erneut operiert werden. Die Ärzte hatten Verwachsungen an ihrem Herzen festgestellt. Dadurch bekam sie immer schwerer Luft, lief oft blau an und war in ihren Aktivitäten inzwischen sehr eingeschränkt, weil sie einfach keine Kraft hatte. Diesmal sollte die Operation in der Kinderherzklinik St. Augustin bei Bonn stattfinden. Dort hatte man sich auf schwierige Herzoperationen bei Kindern spezia-

II. Leben

lisiert, aufgrund der großen Expertise wurden dort auch zahlreiche kleine Patienten aus dem Ausland behandelt.

Der Eingriff dauerte insgesamt sieben lange Stunden, und Elisabeth wurde wieder mit einer Herz-Lungen-Maschine am Leben gehalten. Diesmal war ich nicht so ruhig wie bei der ersten Operation sechs Jahre zuvor. Ich konnte nicht still sitzen und auf dem Klinikflur vor dem OP warten, dabei wäre ich verrückt geworden. Stattdessen lief ich am Wasser in der Nähe entlang, die schnellen Schritte beruhigten mein noch schneller klopfendes Herz dann wenigstens ein bisschen. Als ich Elisabeth im Aufwachraum besuchten durfte, konnte ich sie vor lauter Schläuchen an ihrem Körper kaum erkennen. Doch sie hatte diesen schweren Eingriff unglaublich gut überstanden. In den nächsten Tagen konnte sie schon wieder fröhlich einen Joghurt in ihrem Bettchen löffeln.

Wie auch bei der ersten OP war ich sehr zuversichtlich und ging mit einer erstaunlichen Leichtigkeit durch die Zeit in der Klinik. Der Zusammenbruch kam einige Wochen später, als wir wieder zu Hause waren.

Einerseits war ich plötzlich sehr dünnhäutig, zum anderen war mir aber irgendwie auch alles egal. Ich konnte mich kaum über irgendetwas freuen, und mir fielen selbst die einfachsten Dinge wie das Wecken der Kinder am Morgen oder das Zubereiten eines Salates zum Mittagessen unendlich schwer. Morgens konnte ich mich teilweise kaum aufraffen, überhaupt aufzustehen. So etwas kannte ich von mir bislang gar nicht. Heute weiß ich, dass das eine Depression war, die mich da eiskalt nach all dem Bangen um Elisabeth erwischt hatte. Glücklicherweise verschwand sie, als ich mehr und mehr zur Ruhe kam, nach wenigen Wochen ganz von selbst.

Elisabeths zweite Operation war ein echter Durchbruch, wir bekamen dadurch eine ganz neue Tochter. Sie aß mehr, wurde runder und fröhlicher, wuchs und gedieh. Aus dem so unglaublich dürren, blassen Kind mit den tief liegenden Augen wurde plötzlich ein Mädchen mit runden, rosigen Wangen und vollem Haar, das gern und viel lachte.

Nie werde ich das Bild vergessen, als sie sieben Jahre alt wurde. Ihr Vater hatte ihr in einer Kinderboutique in Lübeck ein zauberhaftes Kleid mit Blümchenmuster von Laura Ashley gekauft. Pinkfarbene Rosen auf einem rosa-blauen Grund. Sie sah darin wie eine kleine Prinzessin aus – und ich war überglücklich, sie nach diesen sechs schweren Jahren so strahlend zu sehen. Ihr Start in diese Welt war lang nicht so unbeschwert wie der ihrer Brüder, aber das Schicksal hatte es letztlich doch gut mit ihr gemeint. Über zehn Jahre lang mussten wir immer noch mit ihr zu Nachuntersuchungen des Herzens. Doch alles entwickelte sich prima, Elisabeth kann heute ein Leben wie jeder andere Mensch leben, ganz ohne Einschränkungen und Medikamente.

Über Anna ...

„Daran, dass ich bereits mit einem halben Jahr das erste Mal am offenen Herzen operiert wurde, kann ich mich natürlich nicht erinnern. An meine zweite OP mit sechs Jahren in Bonn dagegen umso besser. Meine Mutter verbrachte in dieser Zeit wirklich jede Minute von morgens bis abends an meinem Bett. Jeden Abend durfte ich mir etwas Besonderes zu essen oder zu trinken wünschen, was sie mir dann am nächsten Morgen mitbrachte. Kleine Flaschen mit einem ganz besonderen Orangensaft beispielsweise, Cola-Eis oder diesen

II. Leben

herrlichen grünen Wackelpudding, den ich so liebte. Und dann las sie
mir vor, unermüdlich und stundenlang, bis ihr Mund ganz trocken
war. Meist spannende Abenteuer von Astrid Lindgren wie ,Madita'
oder ,Michel aus Lönneberga', die Geschichten konnte ich immer
wieder hören. Durch das Vorlesen hatte sie mich meine schlimme
Situation tatsächlich oft vergessen lassen. Denn letztlich möchte man
als Kind in dem Alter natürlich nichts weniger, als tagelang in einem
Bett im Krankenhaus liegen – man will draußen sein und spielen,
rennen und lachen.

Ich kann mich noch sehr gut an den Geruch im Krankenhaus erinnern. Es war eine Mischung aus Desinfektionsmittel, Pfefferminz-
tee und irgendeinem Antibiotikum, das ich schlucken musste. Es
schmeckte noch schlimmer, als es roch. Kurz bevor mich die Ärzte in
den OP schieben wollten, hatte ich furchtbare Angst. Mama redete
mir dann aber gut zu. Als ich aus der Narkose aufwachte, saß sie
bereits wieder an meinem Bett und gab mir Zitronenstäbchen, die
meinen trockenen Mund befeuchten sollten.

Nach meiner schweren Operation ging es mir dann wirklich sehr
schnell deutlich besser. Dafür sorgte auch meine Mama. Sie brachte
mir alles mit, was gesund, aber auch lecker war: süße Äpfel, Nüsse
und Rosinen und auch meine Lieblingswürstchen und Schokolade mit
ganzen Haselnüssen.

Nach meiner Entlassung merkte ich von Woche zu Woche, wie
meine Kraft zunahm. Bereits nach einem halben Jahr nahm ich an
einem 800-Meter-Lauf in der Schule teil – und kam als Zweite ins
Ziel. Das wäre vor der Operation undenkbar gewesen.

Auch wenn es ein bisschen übertrieben klingen mag: Meine
Mutter ist wirklich mein Ein und Alles. Sie war immer, wirklich
immer für mich und meine Geschwister da. Egal, wie groß der Blödsinn war, den wir verzapften, und wie viele Fünfen für Klassenarbei-

ten wir nach Hause trugen. Sie hat uns immer geachtet und respektiert, das war und ist ein gutes Gefühl. Auch in der Pubertät erlebte ich sie als tolle Mutter. Ich konnte sie alles fragen, musste nichts verschweigen, das war großartig. Sie gab mir immer das Gefühl, dass ich ihr auch alles sagen darf. Bei uns gab es durchaus Regeln, aber nur wenige Verbote.

Ich durfte schon relativ früh lang ausgehen, immer meine Freunde mit nach Hause bringen oder bei Freundinnen übernachten. Sie wollte lediglich immer wissen, wo ich mit wem war. Die lange Leine, die sie uns allen ließ, hat Vertrauen geschaffen und auch dafür gesorgt, dass wir nie besonders über die Stränge geschlagen haben. Bei Freunden, die viel strenger erzogen wurden, habe ich das oft anders erlebt.

Dennoch waren meine Geschwister und ich, besonders in der Pubertät, nicht das, was man als pflegeleicht bezeichnen würde. Meine Mutter musste einiges mit uns mitmachen. Ich war ein echt wildes Mädchen, habe gefeiert ohne Ende und auch oft meine älteren Brüder auf Partys begleiten dürfen. Häufig hat mich meine Mutter mit dem Auto zu den Feiern gebracht oder mich spät in der Nacht dort abgeholt. Und dann haben wir beide bei lauter Musik im Auto gesessen und lauthals zusammen gesungen ...

Ich habe sie immer als jung geblieben empfunden und war auch als Teenager richtig gern mit ihr zusammen. Sie war zwar Mutter, aber auch Freundin. Bewundert habe ich sie immer auch für ihre Fähigkeit, allem Neuen gegenüber offen zu sein. Sie hat Dinge, aber auch Menschen, die sie nicht kannte, niemals von einer Sekunde auf die andere abgelehnt, sondern sie sich erst einmal mit Interesse angeschaut.

Auch heute noch kann ich mich voll auf sie verlassen, und ich weiß, dass ich bei ihr zu jeder Tages- und Nachtzeit anrufen könnte. Wir telefonieren zwei- bis dreimal täglich, und wenn es nur für drei Minuten ist. Einfach, um kurz die Stimme der anderen zu hören und uns gegenseitig zu versichern, dass es uns beiden wirklich gut geht. Manchmal aber auch nur, um zu sagen, was heute für ein blöder Tag war. Allein durch die Tatsache, dass ich ihr das erzählen kann, geht es mir meist sofort besser – und umgekehrt natürlich auch.

Ich frage meine Mutter ziemlich oft um Rat. Da ich ein extrem hippeliger, nervöser und auch ungeduldiger Mensch bin, ist ihre ruhige, leise Art ein sehr wohltuender Gegenpol. Toll finde ich auch, dass sie meine Liebe zu Musik teilt. Seit ich 13 bin, schwärme ich für den Rapper Tupac Shakur, der leider sehr früh, mit nur 25 Jahren, verstarb. Als 2017 das Biopic ‚All Eyez on me‘ über sein Leben erschien, ging ich mit meiner Mutter in den Film. Sie war total begeistert von seinem Leben. Umgekehrt bin ich von ihrer Musik weniger begeistert. Ich würde nie mit ihr zu einem Black-Metal-Konzert gehen, dieses martialische Getue samt den grauenvollen Bühnen-Make-ups und der enormen Lautstärke sind so gar nicht mein Ding, das macht mir regelrecht Angst.

Ich kann mir übrigens nichts Schöneres vorstellen, als so eine große Familie wie die unsere zu haben. Das gibt ein Gefühl von Sicherheit und Rückhalt, und wenn wir zusammenkommen, ist es immer bunt, fröhlich und laut. Meine Geschwister haben ja alle schon mehrere Kinder, ich bisher nur einen Sohn. Von Viktors Vater bin ich inzwischen geschieden.

Momentan führe ich noch eine Fernbeziehung mit Mohamed, der in Ägypten lebt. Wir werden demnächst heiraten, und er wird zu mir nach Berlin ziehen. Seit mehr als einem Jahr versuchen wir, alle Papiere für seine Einreise zusammenzubekommen, das ist ein schwieriger und langer Weg, auf dem es auch schon viele Tiefschläge gegeben hat. Und wenn ich in dieser Zeit mal wieder traurig und mutlos war, war meine Mutter immer da und hat geholfen. Sie hat mir gegenüber auch niemals Bedenken geäußert, dass ich einen Moslem heiraten werde. Es geht ihr in erster Linie darum, dass ich einen Mann heirate, den ich liebe und der mich liebt. Mit Mohamed wünsche ich mir auch noch ein weiteres Kind. Denn ein ganz klein wenig tickt die biologische Uhr mit 35 Jahren natürlich schon in mir ...

Schön ist auch die Tatsache, dass wir alle in einer Stadt leben. Manchmal kommt mir unser Zusammenhalt wie der einer orientalischen Großfamilie vor, da kommt einfach nichts dazwischen.

Dass meine Mutter auch jenseits der 60 immer für Überraschungen gut ist, hat sie vor einigen Jahren bewiesen. Als sie ihren neuen Freund Michael auf dem Flohmarkt kennengelernt hatte, erzählte sie mir das noch am selben Tag. Ich war gerade mit meiner Schwägerin an einer Currywurst-Bude, und sie stieß mit einem strahlenden Lächeln mit dem Fahrrad dazu. Nach ihren Schilderungen musste ich erst mal schlucken. Meine Mutter hatte längere Zeit allein gelebt, und nun war da so ganz plötzlich ein neuer Mann an ihrer Seite. Und noch dazu ein 25 Jahre jüngerer ... Dann lernte ich Michael allerdings recht bald beim Geburtstag meiner Mutter kennen – und ab dem Moment fühlte sich das alles plötzlich völlig normal an.

Da meine Mutter irgendwie alterslos wirkt und Michael, wie er es selbst ausdrückt, eine ‚alte Seele' hat, bemerke ich den Altersunterschied eigentlich gar nicht. Bei den beiden verschwimmt das Alter komplett.

Das Beste an meiner Mutter ist einfach ihr großes und reines Herz. Das mag furchtbar kitschig klingen, es ist aber genau so. Sie ist so hilfsbereit, zuverlässig, warmherzig und hat so viel Liebe in sich. Ich kann mir, ehrlich gesagt, keine bessere Mama vorstellen. Der Gedanke, dass sie irgendwann mal nicht mehr da sein wird, ist für mich absolut schrecklich.

Ihr Leben mit meinem Vater war in meinen Augen eines, das sie so eigentlich nicht leben wollte. Sie meisterte das alles, besonders unsere Erziehung, zwar großartig, lebte aber irgendwie mit dem Fuß auf der Bremse und entgegen ihren Träumen. Heute leben beide meiner Eltern ein Leben, das genau ihren Wünschen entspricht, und haben neue Lieben gefunden. Meine Mutter ruht heute noch deutlich mehr in sich, als sie es schon immer getan hat. Und ich würde sagen, dass sie jetzt, mit 66 Jahren, wirklich rundum glücklich ist."

Elisabeth

Glück hoch vier

Nikolaus ist einer der schönsten Tage im Jahr für mich. Dann ist bei mir die Wohnung voll. Meine vier Kinder samt Partnern und alle elf Enkel sitzen bei mir zu Hause um den großen Esstisch herum. Es ist lustig und fröhlich – und laut. Stundenlang sitzen wir so zusammen und genießen gemeinsam das opulente Essen. Es gibt Kassler und Kohlrouladen, Rotkohlsalat mit Nüssen, Sauerkraut und Grünkohl und kleine Ofenkartoffeln vom Blech. Meine Kinder sorgen für den Nachtisch, Obstsalat und tollen Kuchen. Besonders freue ich mich immer über die Tatsache, dass meine Enkel die Kleider meiner Kinder weitertragen. So steht Viktor die kleine, grüne Cordhose, die Wilhelm einmal trug, ganz wunderbar. Und die kleine Greta sieht in Johannes' blau-weiß gestreifter OshKosh-Latzhose einfach unglaublich frech aus. Und wenn ich mir meine vier wunderbaren Kinder dann am Tisch so ansehe, spüre ich: „Das hat sich gelohnt." Meine Kinder waren immer mein Motor, meine Kraftquelle – und meine große Liebe.

Das Geheimnis meiner Erziehung? Ich habe nie erwartet, dass meine Kinder so werden wie ich. Ich habe sie so genommen, wie sie waren, und immer versucht, ihnen gerecht zu werden und sie vorzubereiten auf das Leben. Teilweise haben sie sich auch untereinander erzogen, ich musste da gar nicht viel machen. Ich glaube, wir haben wechselseitig einfach sehr viel Glück miteinander gehabt.

So lieb ich sie alle vier habe, so unterschiedlich sind sie auch. Wenn mein ältester Sohn Johannes zur Tür hereinkommt, weiß ich innerhalb von zwei Minuten, was passiert ist. Ähnlich wie seine Schwester Elisabeth lässt er Dinge sofort ungefiltert raus. Beide reden nie um den heißen Brei herum, sondern sind ehrlich, offen und direkt. Johannes hat sich von Anfang an wunderbar mit seinem Bruder Wilhelm verstanden. Anders als er suchte er immer allerdings die Gemeinschaft, war nie ein Einzelgänger. Er sagte oft, dass er gern viele Geschwister hätte, er liebte es einfach, wenn das Haus voll war. Heute führt er das weiter, er hat selbst fünf Kinder. Johannes war in seiner Jugend immer sehr sportlich, spielte Tennis, machte einen Segel- und einen Surfschein. Letztlich landete er bei den Handballern und stand dort im Tor. Er ist eine richtige Kämpfernatur. Das kommt ihm heute in seinem Beruf besonders zugute: Als Anwalt hat er sich auf Wettbewerbsrecht spezialisiert. Lediglich in der Schule fehlte ihm, wie allen meinen Kindern, diese Leidenschaft. Lernen war leider so gar nicht seins. Als ich ihn einmal fragte, wie er denn sein Abitur so sehen würde, sagte er nur: „Das weiß ich doch nicht." Er rasselte dann prompt durch die Abiprüfung und musste ein Jahr dranhängen. Für mich war das kein großes Drama. Er bekam Nachhilfeunterricht, gab zum Schluss noch mal richtig Gas und schaffte letztlich noch ein richtig gutes Abitur. Ich vermute, dass er die Schule ganz einfach satthatte.

Johannes wurde kurz darauf zum Jurastudium in Tübingen angenommen. Ich war damals furchtbar traurig, dass sich unsere Familie ein Stück weit auflöste. Auch Wilhelm verabschiedete seinen Bruder mit den Worten: „Johannes, unser schönes Leben ist vorbei."

Wilhelm und Johannes – das war und ist wirklich eine Beziehung der ganz besonderen Art. Beide halten bis heute sehr eng zusammen, da kommt nichts dazwischen. In ihrer Jugend sangen sie gemeinsam in ihrer Rockband „Blue Silence". Geprobt wurde einmal die Woche bei uns im Keller – ich fand das herrlich. Wilhelm war immer mehr der Praktiker, Theorie langweilte ihn einfach. Aus diesem Grund wollte er auch nicht studieren, er machte seine Mittlere Reife und danach eine Ausbildung zum Hotelfachmann. Darin ging er regelrecht auf. Anschließend arbeitete er für drei Jahre in Harry's New York Bar im Hotel Esplanade in Berlin. Er kennt sich deshalb heute sehr gut mit Weinen aus und mixt Cocktails wie ein junger Gott. In seiner Zeit in der Gastronomie lernte er auch, sich gut auf Menschen einzustellen. Er hörte sich jede Geschichte am Tresen geduldig auch noch ein zweites und drittes Mal an. Johannes holte seinen jüngeren Bruder nach Dienstschluss gegen drei Uhr nachts oft in der Bar ab. Er saß dann immer wie auf Kohlen an der Bar, weil er mit Wilhelm noch um die Häuser ziehen wollte. Johannes konnte es nie verstehen, dass sein Bruder die letzten allzu anhänglichen Gäste nicht einfach irgendwann vor die Tür setzte. Für Wilhelm wäre das undenkbar gewesen. Er hat heute eine Immobilienfirma in Berlin, nachdem er eine kaufmännische Ausbildung machte.

Familienstreit und Traumurlaub

Als einziges Mädchen unter drei Brüdern hatte es meine Tochter Elisabeth nicht immer einfach. Und sie stritt leidenschaftlich mit ihren Geschwistern. Das fing schon morgens bei der Auswahl des Radioprogramms an und endete am Abend mit dem Gerangel um das begehrte Endstück des Brotlaibs. Als Kind hing Elisabeth, mit Ausnahme von Richard, weniger an ihren Geschwistern und wäre vermutlich auch als Einzelkind ganz zufrieden gewesen. Das ist heute anders. Sie ist sehr, sehr innig mit ihren Brüdern und leidet mit, wenn es einem von den dreien mal nicht so gut geht, und war früh schon sehr sozial. Mit drei Jahren war es bereits ihr sehnlichster Wunsch, in den Kindergarten gehen zu dürfen. Sie kam dort mit allen, Kindern wie Erziehern, gut aus und war sehr beliebt. Vermutlich auch, weil sie eigentlich immer fröhlich war. Das änderte sich dann mit 13, 14 schlagartig. Ich würde sogar behaupten, dass Elisabeth das Einzige meiner Kinder war, das überhaupt in der Pubertät war. Dafür reichte ihre Pubertät für alle vier. Ständig jammerte sie. Wenn wir spazieren gehen wollten, hatte sie furchtbare Rückenschmerzen. Wenn es ans Aufräumen ging, tat ihr plötzlich der Zahn weh. Und vor Klassenarbeiten war ihr dann auf einmal ganz furchtbar übel.

Glücklicherweise ging diese Zeit relativ schnell vorbei, und Elisabeth entdeckte schönere Leidenschaften. Sie fing mit Jazzdance an und nahm auch Gesangsstunden. In beidem war sie sehr talentiert. Sie ist überhaupt ein Sinnes- und Genussmensch. Optisch liegen wir allerdings diametral auseinander. Ich war immer groß und dürr, Elisabeth schlemmt für ihr Leben gern, war schon immer ein klein wenig mollig und mit ihren 1,59 Metern relativ klein. Vermutlich hat sie auch die Liebe zur Mode von mir geerbt. In ihren Jugendjahren hatte sie einen ganz anderen, eher etwas außergewöhnlicheren Geschmack. Wir wohnten damals in der brandenburgischen Provinz, da fiel sie mit ihren Outfits natürlich besonders auf. Sie trug Skaterklamotten sowie seltsame gestrickte, asymmetrische Röcke gleich in mehreren Lagen übereinander. Manche ihrer Outfits sahen für mich aus, als ob sie sie nach Gewicht gekauft hätte. Allerdings müssen es wohl sehr besondere Sachen gewesen sein, denn sie fuhr zum Klamottenkaufen jedes Mal nach Berlin.

Etwas speziell war auch ihr Männergeschmack. Eines Tages stand ein junger Mann vor der Tür und stellte sich als Nico vor. Und obwohl ich von Elisabeth schon einiges gewohnt war, musste ich zweimal hingucken. Nico hatte links und rechts Zöpfe mit Zopfgummis, wie sie eigentlich nur ganz kleine Mädchen tragen!

Was meine Tochter und mich bis heute verbindet, ist die Liebe zur Musik. Beide verehren wir beispielsweise die US-Sängerin Macy Gray. Die schwarze Amerikanerin singt R&B mit einer unverkennbaren rauchigen Stimme. Gerade waren wir gemeinsam in Berlin bei einem ihrer Konzerte. Um Black Metal macht Elisabeth allerdings einen großen Bogen. Dafür liebt sie Reggae umso mehr. Vor Kurzem waren wir bei Shaggy, einem jamaikanischen Reggae-Pop-Sänger in der O2-Arena. Und beim letzten Seed-Konzert in der Waldbühne standen wir in der ersten Reihe. Diese Berliner Band macht Reggae und Dancehall, allerdings mit deutschen Texten. Da kann man gar nicht anders, als mitzutanzen. Wir standen zwei Stunden direkt vor der Bühne, da ging richtig die Post ab!

Elisabeths kleiner Bruder Richard ist unser Nesthäkchen, er wurde drei Jahre nach ihr geboren. Ihn habe ich mir noch mal von ganzem Herzen gewünscht. Auch er kam wieder in dem konfessionellen Krankenhaus in Lübeck zur Welt, die ältere, unglaublich nette Nonne am Klinikempfang kannte mich inzwischen schon. Nach den ersten drei Kindern hatte ich immer das Gefühl, dass wir noch nicht vollzählig waren. Die Geburt von Richard war die einfachste und schnellste aller vier, er flutschte in Rekordzeit in diese Welt.

So eilig hatte er es später nicht mehr. Richard war ein sehr ausgeglichenes, eher ruhiges Kind mit einem angenehmen Wesen. Er war das, was man wohl ein pflegeleichtes Kind nennt. Auch wenn ich diesen Ausdruck nicht so mag ... Man hat ihn kaum wahrgenommen, wenn er da war. Es genügte ihm, sich gemeinsam mit unserem großen Hund, den wir damals hatten, auf die Terrasse zu setzen und stundenlang in den Garten zu schauen. Besonders innig war er mit seiner Großmutter, die seine feine, stille Art sehr mochte. Auch mit Elisabeth hatte er in seinen ersten Lebensjahren ein sehr herzliches Verhältnis. Sie war immer besonders fürsorglich gegenüber ihrem Bruder, wachte regelrecht über ihn, und er schien als kleiner Junge auch ganz verliebt in seine große Schwester zu sein. Auf dem Gymnasium wandelte sich das plötzlich, Elisabeth meinte es wohl einfach zu gut mit ihm. Er war zwölf, Elisabeth 15, und auf dem Schulhof knallte er ihr dann irgendwann ein „Jetzt lass mich doch endlich mal in Ruhe" an den Kopf. Mit Beginn der Pubertät war ihm dieses Betüddeln vonseiten seiner Schwester wohl einfach nur peinlich.

Durch sein weißblondes Haar war Richard ein echtes Sonnenkind. In unseren Urlauben himmelten ihn alle Italienerinnen,

Spanierinnen und Französinnen an. Richard und sein Bruder Wilhelm sind sich sehr ähnlich. Die beiden können stundenlang nebeneinandersitzen, ohne zu reden – und verstehen sich trotzdem. Richard hat zudem einen herrlich schwarzen englischen Humor. Er sagt nicht viel, aber was er dann sagt, ist so pointiert und witzig, dass ich mich immer wegschmeißen könnte.

Er ist übrigens der Einzige in unserer Familie, der sich bereits mit acht Jahren freiwillig zum Computer bekannte und sich intensiv damit beschäftigte. Dort, wo wir damals wohnten, gab es kein flächendeckendes Internet. Doch Richard hat alles darangesetzt, dass wir dennoch ins Netz kamen. Bis heute rettet Richard unsere ganze Familie, wenn es mal irgendwo Computerprobleme gibt. Sein Hobby hat er inzwischen zum Beruf gemacht: Er arbeitet in der Kanzlei seines ältesten Bruders und gestaltet dort die Internetseiten. Zudem kann er auch wunderbar fotografieren. Er ist das einzige unserer Kinder, das sich schon ganz früh eine Kamera wünschte. Die schönsten Urlaubs- und Familienbilder kamen und kommen bis heute immer von Richard.

Urlaub – das konnten wir als Familie richtig gut. Wir mochten die Kanarischen Inseln sehr gern, bis auf Fuerteventura haben wir eigentlich alle Inseln besucht. Dort ist das Klima das ganze Jahr über sehr angenehm, die Sonne scheint fast jeden Tag, und so konnten die Kinder den ganzen Tag am Strand oder im Garten unseres Feriendomizils spielen. Und da wir alle das Wasser lieben, waren wir hier natürlich in unserem Element, egal ob am Meer oder am Pool.

Ein ganz besonderes Familienerlebnis hatten wir vor nicht ganz 20 Jahren in einem Urlaub auf Lanzarote. Wir sollten eigentlich nur mit den zwei jüngsten Kindern fahren, die beiden ältesten wollten mit ihren 18 bzw. 15 Jahren lieber bei ihren Freunden zu Hause bleiben. Dann entschieden sich Johannes und Wilhelm plötzlich ganz spontan, doch mitzukommen. In unserem Hotel war leider kein Zimmer mehr frei, ins Nachbarhotel weigerten sich die beiden zu gehen. Sie wollten doch mit uns zusammen sein. So teilten wir uns dann zu sechst das Hotelzimmer und schliefen in Schichten. Wenn mein Mann, ich und zwei Kinder wach waren, legten sich die anderen zum Schlafen – und umgekehrt. Und wenn wir mal alle sechs gleichzeitig müde waren, schliefen einfach zwei der Kinder auf dem Balkon! Es gibt herrliche Videos von diesem Chaos, was aber keiner von uns als Chaos empfand. Im Gegenteil, die Kinder sagen heute noch, dass das der schönste Urlaub ihres Lebens war.

glückliche Studienzeiten – trotz kritischem Blick in den Spiegel oder in die Kamera

roh und beseelt: mit dem ersten Kind Johannes (4 Wochen alt)

III. Loslassen

Carol

Je älter man wird, desto mehr häufen sich die Momente des Abschiednehmens. Von kleinen und großen Träumen, die sich aus den unterschiedlichsten Gründen nicht mehr erfüllen werden. Von dem, was man anderen von ganzem Herzen gewünscht hat, das aber nie Wirklichkeit wurde. Aber besonders natürlich von Menschen, die plötzlich aus dem eigenen Leben oder für immer von dieser Welt gehen.

Schon früh habe ich bemerkt: Abschied ist nicht gleich Abschied. Jeder Verlust fühlt sich anders an. Als mein Großvater starb, spürte ich, dass er mir etwas ganz Kostbares hinterlassen hatte. Ich nenne es immer eine beschwingte Seele. Seine Art zu leben hatte eine wunderbare Leichtigkeit. Das stimmte mich trotz aller Trauer um ihn optimistisch und bewahrte mich davor, nach seinem Tod in ein Loch zu fallen. Es mag seltsam klingen, aber sein Tod hinterließ bei mir ein tiefes Vertrauen in das Leben.

Ganz anders dann der Tod meiner Großmutter. Damals war ich mit meiner Tochter Elisabeth schwanger. Ich war dermaßen am Boden zerstört, dass ich einfach nicht zu ihrer Beerdigung gehen konnte. Nach einigen Wochen erst konnte ich mir wenigstens die Fotos von ihrer Trauerfeier und ihrem Grab ansehen. Und erst Monate später schaffte ich es dann endlich, sie auf dem Friedhof zu besuchen.

Den Tod meines Vaters wiederum habe ich trotz der großen Trauer um ihn mit einer gewissen Erleichterung aufgenommen, da ich wusste, dass er ihm ein langes Leiden und quälendes Siechtum erspart hatte.

III. Loslassen

Bis heute fassungslos macht mich der Tod einer meiner engsten Freundinnen. Sie hieß Carol, war zehn Jahre älter als ich und stammte aus den USA. Wir sind uns mitten auf der Straße in Lübeck begegnet, es war Liebe auf den ersten Blick. Ich sehe sie heute noch genau vor mir. Es schneite, sie hatte eine roséfarbene Mohairmütze auf dem Kopf, in deren weichen Härchen sich kleine Schneeflocken verfangen hatten, trug eine große, auffällige Brille – und stritt gerade lebhaft mit ihrer kleinen Tochter. Die beiden fielen mir im Trubel der Stadt sofort auf. Das Mädchen war vier, also im Alter meines ältesten Sohnes, und hatte ein Auge abgeklebt. Vermutlich weil sie schielte. Ich lachte Carol an, sie lachte zurück und sagte nur: „Meine Tochter ist zwar noch nicht so groß wie ich, aber sie hat den gleichen starken Willen." Wir waren uns sofort sehr sympathisch und verabredeten uns bereits für den nächsten Tag auf einen Kaffee. Die Wellenlänge stimmte einfach. Es sollte eine Freundschaft werden, die bis zu ihrem viel zu frühen Tod hielt.

Mit Carol habe ich wahre Sternstunden erlebt. Ich erinnere mich an einen wunderbaren Nachmittag mir ihr im Kaffeehaus, an dem wir uns geschworen haben, dass wir uns immer wieder aufs Neue verlieben werden – bis wir 90 Jahre alt sind. Carol war immer ehrlich und direkt, und sie hatte ein unendlich großes Herz. Wenn Carols Mutter Pakete aus den USA geschickt hatte, machten wir uns wie die Kinder über die amerikanischen Köstlichkeiten wie Erdnussbutter, Ahornsirup, Kürbissuppe und Christmas Candy Canes her. Und dank Carol konnten meine Kinder auch in den damals so angesagten blau-weiß gestreiften amerikanischen OshKosh-Latzhosen rumlaufen, die es zu der Zeit in Deutschland noch nicht zu kaufen gab. Unser Lieblingsplatz im Sommer war der große Kirschbaum in meinem Garten, unter dem wir uns mit den Kindern trafen, Kuchen aßen und den ganzen Tag ratschten, bis es Abend wurde. Im Winter saßen wir oft in Carols kuscheligem Haus am Ofen.

Carol war Lehrerin und ein erklärter Fan der deutschen Literatur. Unsere Sprache hatte sie bereits in den USA gelernt, und irgendwann war sie nach Deutschland gekommen, um sich Land und Leute näher anzuschauen. Auf einer Lesung in Lübeck lernte sie Christoph kennen, einen gut aussehenden Landschaftsplaner. Die beiden ergänzten sich perfekt. Sie war sehr lebhaft und trug das Herz auf der Zunge, er stammte aus einer norddeutschen Bauernfamilie und war eher ruhig und bedächtig.

Die Chemie zwischen ihnen stimmte, sie heirateten und bekamen zwei Mädchen. Gewohnt haben sie in einem wunderschönen Haus an der idyllischen Wakenitz. Alles in allem waren sie für mich eine Familie wie aus dem Bilderbuch. Umso verblüffter war ich, als Carol mich eines Tages anrief und sagte, dass sie ihren Mann nicht mehr liebe und sich von ihm trennen wolle. Dann ging alles sehr schnell. Carol zog aus dem geräumigen Haus mit großem Garten in eine kleine, dunkle Wohnung in der Lübecker Altstadt. Auch ihre Kinder wollte sie nicht mehr sehen. Als ich sie das erste Mal besuchte, war ich sehr verwirrt über ihre Entscheidungen und konnte ihr Handeln in keinster Weise nachvollziehen. Sie drückte mich fest an sich, weinte und sagte nur: „Ich konnte einfach nicht anders. Ich möchte einmal im Leben noch etwas anderes machen, noch einmal neu anfangen. Mich noch mal neu verlieben und ganz von vorn beginnen." Ich verstand einfach nicht, was sie damit meinte.

Ein paar Tage später rief sie mich an und sagte, dass sie immer kalte Füße habe und ihr permanent schwindelig sei. Das habe

III. Loslassen

ich zuerst nicht so ernst genommen, hielt es für Kreislaufprobleme oder etwas anderes Banales. Ein paar Tage später hatte sie einen Termin bei einem Internisten. Die furchtbare Diagnose: Multiple Sklerose. Eine tückische Krankheit, die in Schüben verläuft und ziemlich unberechenbar ist.

Carol hatte beim Verlauf ihrer Erkrankung ungewöhnliches Pech. Die Krankheit ergriff außergewöhnlich schnell Besitz von Carol, und ihr rascher Verfall war dramatisch. Sie konnte nach wenigen Wochen bereits nicht mehr richtig laufen, weil ihr Gleichgewichtssinn schwand. Anfangs ging sie noch an einem Stock, sehr bald saß sie fast nur noch im Rollstuhl. Da sie eine Wohnung im ersten Stock hatte, zog sie ein weiteres Mal um – in eine Erdgeschosswohnung im Hinterhaus, noch kleiner und noch dunkler als die letzte.

Als ich in das karge, düstere Zimmer mit dem Toilettenstuhl, dem Rollstuhl und den wenigen Möbeln kam, wusste ich, dass ich Carol nicht mehr oft sehen würde. Innerhalb von vier bis fünf Wochen war sie so schwach, dass sie überhaupt nicht mehr ohne Unterstützung gehen konnte. Sie hatte zwei Pflegerinnen, die sich rund um die Uhr um sie kümmerten. Anfangs schob ich sie noch im Rollstuhl durch die Stadt, irgendwann verlor sie aber das Interesse an diesen kleinen Ausflügen. Ihr Radius wurde immer kleiner, bald hielt sie sich nur noch in ihrer Wohnung auf. Carol wurde von Tag zu Tag verzweifelter, weil sich ihre Situation so rapide verschlechterte. „Guck doch mal, Anna, gestern konnte ich das Blatt Papier noch halten, heute fällt es mir einfach aus den Händen", sagte sie unter Tränen zu mir. Ihre Mutter brachte sie dann irgendwann in ein Pflegeheim. Wenige Tage vor ihrem Tod besuchte ich sie noch einmal. Da lag sie zusammengekrümmt wie ein Embryo in ihrem Bett, unendlich zart und zerbrechlich. Da wusste ich, jetzt hat sie ihre Endstellung eingenommen. Als sie starb, war ich leider nicht dabei. Es muss ein qualvoller Tod gewesen sein, weil sie erstickt ist. Ihre Mutter war bei ihr. Sie hat Carol in Lübeck begraben und später eine Totenmesse in den USA für sie halten lassen.

Über die Trennung von ihrer Familie habe ich viel nachgedacht. Als sie ging, wusste sie noch nichts von ihrer Krankheit, aber unbewusst spürte sie vermutlich, dass etwas mit ihr und ihrem Körper nicht stimmte. Sie verhielt sich so, wie es Indianer am Lebensende tun. Sie ziehen sich von ihrer Familie und ihrem Haus zurück und sterben irgendwo in der Einsamkeit.

Carol war eine Freundin, wie man sie wohl nur einmal im Leben findet, und ich habe nie wieder einen ähnlichen Menschen kennengelernt. Bis heute ist sie ganz doll in meinem Herzen. Und wenn ich mal wieder Erdnussbutter oder Kürbissuppe esse, sehe ich sie sofort wieder vor mir. Mit ihrer roséfarbenen Mohairmütze, in der sich die winzigen Schneeflocken verfangen hatten …

Marlis

So wie man im Leben meist nur eine oder zwei ganz große Lieben hat, so hatte ich auch nur zwei echte Freundinnen, die mein Herz intensiv berührt haben. Carol war die eine, Marlis die andere. Wenn Marlis mal wieder auf der Queen Mary 2 von Hamburg nach New York fuhr, war ich immer dabei. Ich trank mit ihr Tee in der Bibliothek, stand gemeinsam mit ihr an Deck im eisigen Atlantikwind und freute mich beim Einlaufen des Schiffes in den New Yorker Hafen über den Blick auf die Skyline von

III. Loslassen

Manhattan und die Freiheitsstatue. Meine Freundin ließ mich per Skype und Facebook an ihren Reisen teilhaben – für mich war das so, als ob ich wirklich live dabei wäre.

Marlis hatte ich vor über 30 Jahren in Lübeck kennengelernt. Sie war alleinerziehend und lebte mit ihrer Tochter Alexandra in der Wohnung im Haus über uns. Die beiden waren ein tolles Team. Marlis arbeitete unter der Woche als Journalistin bei einem Verlag in Hamburg. Alexandra, nur ein wenig älter als mein Sohn Johannes, erledigte dann neben ihrem Gymnasium den Haushalt. Wenn Marlis am Wochenende nach Hause kam, legte sie sich nicht etwa erschöpft aufs Sofa und ließ sich vom Fernseher berieseln – sondern kochte für uns. Einfach, weil es ihr eine Riesenfreude machte und sie gern viele liebe Freunde an ihrem Tisch hatte.

Ich erinnere mich an ihre wunderbaren Braten aus dem Ofen, ihr unvergleichliches Gulasch, das beste Wiener Schnitzel der Welt und dazu ihre köstlichen glasierten Kartoffeln. Ich bewunderte das immer sehr. Marlis hatte sehr lange Arbeitstage in der Redaktion und war eine extrem gründliche Journalistin. Erst wenn jedes Detail stimmte, jeder Satz sich flüssig las und der Leser so richtig Freude daran hatte, war sie mit ihren Texten wirklich zufrieden.

Als Marlis Mitte 50 war, erkrankte sie schwer. An Zungenkrebs, einer eher seltenen Krebsart. Sie war leidenschaftliche Raucherin, vermutlich begünstigte das den Tumor. Die Ärzte entfernten ein kleines Stück ihrer Zunge und bestrahlten Marlis.

Glücklicherweise hatte der Krebs noch keine Metastasen gebildet, und das Ganze nahm einen guten Verlauf. Marlis wurde wieder vollständig gesund, ging aber aufgrund der Erkrankung bereits mit 60 in den vorzeitigen Ruhestand. Danach beschloss sie, einfach zu leben. Sie hat alles gemacht, was ihr Spaß und Freude bereitete. Und rückblickend kann ich sagen, dass sie ihre letzten Jahre wirklich nutzte und in vollen Zügen genoss.

Ihre Tochter hatte in Lübeck einen Pfarrer geheiratet und war mit ihm in eine deutsch-amerikanische Gemeinde nach Baltimore gezogen. Zweimal im Jahr ging Marlis also an Bord des legendären Kreuzfahrtschiffs Queen Mary 2, reiste in zehn Tagen von Hamburg nach New York und verbrachte immer vier Wochen in den USA, bevor sie ihren Rückflug nach Hause antrat. Meist besuchte sie ihre Tochter für ein paar Tage und reiste dann kreuz und quer durchs Land. Besondern interessierte sie sich für Architektur, sie liebte alte Hotels und Häuser von Schriftstellern. Auf ihrer letzten USA-Reise wollte sie mich unbedingt persönlich dabeihaben. Sie war zur Weihnachtszeit in New York und wollte mir so gern noch einmal das legendäre Luxushotel Waldorf Astoria zeigen, das Ende 2016 auf unbestimmte Zeit seine Pforten schloss. Ausgerechnet zu Weihnachten! Dieses Fest verbringe ich traditionell immer mit meiner Familie, das ging leider bei aller Freundschaft nicht. Natürlich nahm ich trotzdem an der Reise teil – Marlis schickte täglich Bilder von dem wunderschön und opulent geschmückten Art-déco-Hotel an der Park Avenue.

Ende Januar kehrte sie dann zurück nach Lübeck, meldete sich kurz via Facebook, und plötzlich wurde es ruhig auf ihrem Account. Ich fragte ein paarmal nach, bekam aber keine Antwort. Ich konnte mir die Stille nicht erklären. Ende Februar meldete sich schließlich ihr Schwiegersohn und sagte, dass Marlis am 19. Februar gestorben sei. Ein plötzlicher Herztod, es muss alles sehr schnell gegangen sein. So traurig ich auch über den schnellen und so frühen Tod von Marlis war, so sehr habe ich mich für sie gefreut, dass sie in den letzten Jahren ein erfülltes Leben hatte. Es ist ein großes Geschenk, so reich von dieser Welt gehen zu können.

Durch ihren Tod werde ich nun viele alte Hotels nicht mehr kennenlernen und vermutlich auch nie wieder auf so einem opulenten Kreuzfahrtschiff sein. Aber sie ist für immer in meinem Herzen. In meiner Schreibtischschublade liegt ein wunderschöner Brief von ihr, selbstverständlich handgeschrieben auf dem Bütten-Briefpapier der Queen Mary ...

Aus dem doch so frühen Tod meiner beiden Freundinnen habe ich eine wichtige Erkenntnis für mein Leben gewonnen. Ich versuche Herzenswünsche, besonders immaterielle, nicht immer in die ferne (und ungewisse) Zukunft zu verschieben, sondern sie mir so bald wie möglich zu erfüllen. Egal ob es darum geht, endlich Tangotanzen zu lernen, einmal ohne Zelt unter dem Sternenhimmel zu schlafen oder an einen See im Berliner Umland zu fahren, an den ich schon immer mal wollte. Gedanken, die mit „Irgendwann möchte ich noch mal ..." beginnen, versuche ich zeitlich konkreter zu fassen. Einfach machen, statt immer nur träumen. Und so die Zeit, die mir noch bleibt, so erfüllt zu erleben, wie es nur geht.

Hans I

Ich weiß nicht, ob Carols und Marlis' viel zu frühe Tode der Auslöser waren, aber irgendwann entwickelte ich eine regelrechte Phobie davor, schwer zu erkranken. Angst hatte ich besonders vor Krebs. Dabei ging es weniger um mich, als um den Gedanken, meine kleinen Kinder zurücklassen zu müssen. Carol war da viel pragmatischer. Kurz vor ihrem Tod sagte sie einmal zu mir: „Jeder ist ersetzbar, jede Lücke kann aufgefüllt werden." Ich aber konnte den Gedanken, dass dann jemand anderes am Abend meine Kinder zudecken würde, einfach nicht ertragen. Natürlich ging ich regelmäßig zu allen Vorsorgeuntersuchungen. Schon Tage vorher war ich ein Nervenbündel. Mein Gynäkologe, der meine Ängste kannte, sagte immer zu mir: „Sie sind nicht hier, weil sie Krebs haben, sondern weil wir nicht wollen, dass sie irgendwann unbemerkt einen bekommen." Dennoch hatte ich jedes Mal im Wartezimmer das Gefühl, dass das Damoklesschwert über mir schwebte und mich nun ganz sicher treffen werde. Glücklicherweise hat es mich bislang nicht getroffen – dafür aber meinen Mann auf dramatische Weise.

Hans war immer sehr aktiv, ging laufen, kletterte und saß sogar ein paar Tage nach einer Nierenoperation schon wieder am Schreibtisch. Weder ich noch die Kinder hatten ihn jemals jammern gehört, er war auch nie wehleidig, wie viele andere Männer das ja gern mal sind. Umso seltsamer war es, als er 1994 plötzlich über heftige Rückenschmerzen klagte. Er konnte nur noch sporadisch ins Büro gehen und nahm immer mehr und immer stärkere Schmerzmittel ein. Die Ärzte stellten ihn auf den Kopf, röntgten seine Wirbelsäule, schoben ihn ins MRT, fanden aber nichts. Irgendwann war sein Konsum an Schmerzmedikamenten so hoch, dass er Verwirrtheitszustände hatte. Er saß im Sessel in seinem Arbeitszimmer, war kurz eingenickt und wusste beim Aufwachen plötzlich nicht mehr, ob es Tag oder Nacht war. Das wiederholte sich immer häufiger. Wenig später sah ich, dass sich an seinem Hals quasi über Nacht eine

III. Loslassen

dicke Beule gebildet hatte. Ich drängte darauf, dass er sich einem Arzt vorstellte. Etwas widerwillig ging er zu einem Internisten ins Krankenhaus, der ihn nur einmal anguckte, um dann festzustellen: „Sie sind voller Krebs." Sofort wurden zahlreiche Untersuchungen angeordnet. Als mein Mann außer Hörweite war, sagte der Arzt zu mir: „Ich vermute, dass Ihr Mann das Ende dieses Jahres nicht mehr erleben wird." Draußen auf dem Flur sackten mir die Beine weg. Gleichzeitig hatte ich das Gefühl, dass das hier alles ein schlechter Film war, aus dem ich jederzeit aussteigen konnte. Als ich bei meiner Rückkehr nach Hause den Kindern erzählte, dass ihr Vater schwerkrank wäre, meinten alle unisono: „Der Papa schafft das." Keiner weinte, keiner schien ernsthaft erschrocken. Ich weiß nicht, ob sie die Tragweite des Ganzen nicht einschätzen konnten oder ob sie alle wirklich so einen unerschütterlichen Optimismus hatten. Ich vermute aber stark, es war Letzteres ...

Hans wurde zu einem sehr erfahrenen Arzt, dem ich später wirklich auf Knien dankte, in ein größeres Krankenhaus nach Neubrandenburg überwiesen. Eine genaue Untersuchung ergab, dass der Kollege mit seiner ersten spontanen Einschätzung leider recht gehabt hatte. Mein Mann hatte tatsächlich Metastasen im ganzen Körper. Seine Erkrankung sah er sehr nüchtern und nahm sie mit eiserner Disziplin hin. Nach dem Motto „Das ist jetzt eben so", unterzog er sich einer Hochdosis-Chemotherapie, die in vier Zyklen über jeweils fünf Tage in der Klinik durchgeführt werden sollte. Aufgrund der zu erwartenden starken Nebenwirkungen musste er dazu im Krankenhaus bleiben. Dabei ging es Hans schon vor dieser Therapie wahnsinnig schlecht, er war sehr schwach und wirkte schwerstkrank. Ich erinnere mich noch genau, dass wir beide zusammen auf dem

Klinikflur auf die erste Chemotherapie warteten. Neben uns saß ein kleiner, wohl auch krebskranker Junge mit seiner Mutter, der fragte: „Mama, ist der Mann da schon tot?" So schrecklich muss mein Ex-Mann zu diesem Zeitpunkt ausgesehen haben.

Am Tag nach der Infusion war ihm speiübel, er behielt nicht mal einen Schluck Wasser bei sich und konnte nur noch liegen. Er bekam so ziemlich jede Nebenwirkung, die man bei seiner Art der Chemotherapie haben kann: Neben der entsetzlichen Übelkeit fielen ihm die Haare aus, er hatte Taubheitsgefühle in den Extremitäten, die Haut an seinen Fingern wurde ganz rissig. Teilweise musste er im Büro dünne weiße Stoffhandschuhe tragen, weil seine Finger schon beim Anfassen eines einzigen Blatt Papiers schmerzten.

Meine Kinder und ich besuchten Hans jeden Nachmittag in der Klinik. Wenn es ihm ab dem dritten Tag wieder etwas besser ging, brachten wir ihm auch Essen mit, denn das Krankenhausessen bekam er beim besten Willen nicht runter. Appetit hatte er eigentlich nur auf zwei Gerichte im Wechsel: leicht gesalzene Kartoffeln mit etwas Butter und leicht gesalzene Nudeln mit etwas Butter. Ich war froh, dass er überhaupt etwas aß.

Doch Hans war ein echter Kämpfer. Er rückte in Anzug und gebügeltem Hemd zur ersten Chemotherapie in die Klinik ein – und fuhr nach fünf Tagen wieder im Anzug, mit tadellos glattem Hemd und Mundschutz direkt ins Büro. Zum Schluss musste er dann noch eine große Operation überstehen, um die zahlreichen Metastasen entfernen zu lassen. Sein ganzer Oberkörper war danach mit Narben übersät.

An den Klinikaufenthalt schloss sich eine Reha an, die er jedoch nach der Hälfte der Zeit abbrach. Weil es ihm zu gut ging!

Er wollte so schnell wie möglich wieder in sein Büro und arbeiten. Mal einen Gang runterschalten und sich etwas mehr Zeit für sich nehmen, das war einfach nichts für ihn. Ich hatte ihn zwar anfangs gebeten, es etwas ruhiger angehen zu lassen, und hätte mir das für ihn sehr gewünscht, wusste aber auch, dass das nicht seinem Charakter entsprach. Angst um ihn hatte ich jedoch nicht, lediglich bei den ersten Nachuntersuchungen, bei denen auch die Tumormarker bestimmt wurden, war ich sehr nervös.

Rückblickend muss ich sagen, dass ich meinen Kindern für ihre positive Einstellung in der Zeit seiner schweren Krankheit unendlich dankbar bin. Sie gab mir eine unglaubliche Zuversicht, dass er die Krankheit überwinden würde. Sein Tod war schlichtweg keine Option für mich.

Susanne

Nach Hans' Krankheit wurde mir klar, dass ich die vielen kleinen und großen Krisen meines Lebens eigentlich relativ unbeschadet überstanden hatte. Ich musste zwar manchmal in die Knie gehen, konnte mich aber immer wieder aus eigener Kraft aufrichten. Eine richtig schwere seelische Krise oder einen echten Absturz habe ich – bis auf den kurzen Einbruch nach der zweiten Herz-OP von Elisabeth – in meinem Leben glücklicherweise nie erlebt. Ich glaube, dass ich diese Resilienz meinen Großeltern, aber auch meinem Vater zu verdanken habe. Sie waren es, die mir unglaublich viel Vertrauen ins Leben mit auf den Weg gegeben und auch in schwierigen Situationen immer zu mir gehalten und felsenfest an mich und meine Fähigkeiten geglaubt haben. Dafür bin ich ihnen bis heute sehr, sehr dankbar.

Und obwohl das Leben mich freundlicherweise damit verschont hat, weiß ich dennoch, wie gravierend psychische Erkrankungen sein können. Ich habe selbst erlebt, wie sie einen ganzen Lebensplan zunichtemachen können. Meine sieben Jahre jüngere Schwester Susanne ist das beste Beispiel dafür. Sie war schon als Schulkind – sagen wir mal – etwas eigenwillig. Sie hat Dinge, Formeln oder Grundsätze, die schwarz auf weiß feststanden und wissenschaftlich eindeutig bewiesen waren, immer hinterfragt. Die Lehrer waren manchmal kurz davor, sie aus dem Unterricht nach Hause zu schicken. Sie war eigentlich immer in Opposition, stritt viel, und ihre Mitschüler wie auch ihre Lehrer waren entsprechend genervt von ihr. Unser Verhältnis war damals, ähnlich wie in unserer ganzen Kindheit, eher angespannt und häufig auch richtig explosiv.

Als ich meine Mutter einmal auf einem Elternsprechtag vertrat, nannte mir die Lehrerin ein paar Beispiele für Susannes ungewöhnliches Verhalten. Leider musste ich der Lehrerin recht geben. Wenn es beispielsweise um feststehende Formeln in der Mathematik oder bewiesene Grundsätze in der Physik ging, sagte Susanne einfach: „Das glaube ich nicht." Da kann man als Lehrer schon mal verzweifeln. Doch Susanne war trotz aller Rebellion auch ausgesprochen klug. Ihr großes Potenzial lag in der Kunst. Sie konnte sehr gut malen und zeichnen und fotografierte mit Leidenschaft. Da auch meine Eltern dies erkannt hatten, schenkten sie ihr zu irgendeinem Geburtstag eine richtig teure Fotoausrüstung – Spiegelreflex mit allem Drum und Dran. Trotz aller Schwierigkeiten in der Schule bewarb sie sich nach dem Abschluss in Essen an der renommierten Folkwang Kunsthochschule. Dank ihres Talents wurde sie auch zur Prüfung eingeladen. Die Bewerbungsgespräche an der Hochschule waren anspruchsvoll und erstreckten sich über vier lange Tage. Susanne musste nach zwei Tagen nicht mehr erscheinen – sie hatte die Aufnahmeprüfung vorzeitig bestanden! Zunächst lief alles nach Plan, sie ging völlig in ihrem Studium auf, war glücklich und ausgeglichen. Nach zwei Semestern sagte sie plötzlich zu mir: „Anna, ich kann die Essener Luft nicht mehr ertragen. Ich muss hier weg." Ich war erstaunt und wusste nicht genau, was sie damit meinte: Sie war 20, hatte eine schöne kleine Wohnung in Essen und einen Studienplatz an einer der besten Kunsthochschulen, um den viele sie beneideten. Andererseits konnte ich ihre Abenteuerlust verstehen. Sie wollte unbedingt nach Wien. Dort bewarb sie sich an der Akademie der bildenden Künste, einer ebenfalls sehr renommierten Einrichtung. Auch dort erkannte man ihr Talent offenbar, sie wurde sofort angenommen. Ich machte mir zu der Zeit noch keine Gedanken um sie und habe sie sogar ein bisschen für das Leben in der tollen Stadt beneidet. Doch bereits nach drei Monaten, mitten im Semester, brach sie die Ausbildung Knall auf Fall ab und kam zurück nach Hause.

Als ich sie nach ihrer Rückkehr sah, war ich wahnsinnig erschrocken. Susanne ist mit ihren 1,80 Meter noch ein wenig größer als ich und war immer ähnlich schlank. Innerhalb der wenigen Wochen in Wien hatte sie jedoch mindestens zehn Kilo abgenommen und wog nur noch 50 Kilo. Kurz: Sie war Haut und Knochen, hatte dunkle Ringe unter den Augen, und ihr Gesicht wirkte ganz eingefallen. Sie erzählte, dass sie keinen Appetit mehr habe und auch nicht mehr richtig schlafen könne. Zu einem Arzt wollte sie jedoch partout nicht gehen, meine Eltern und ich mussten das wohl oder übel akzeptieren. Sie war schließlich volljährig.

Susanne kehrte nicht in ihre Wohnung in Essen zurück, sondern wohnte erst mal bei unseren Eltern. Sie wusste, dass etwas mit ihr nicht stimmte, und wir hatten große Angst um sie. Obwohl Susanne nie ein einfacher Mensch gewesen war, veränderte sich ihr Wesen plötzlich kolossal. Manchmal wirkte sie tieftraurig, und im nächsten Moment war sie schlagartig aggressiv. Susanne kam zu einer gründlichen Untersuchung in die Psychiatrie. Anfangs vermuteten die Ärzte Schlafmangel als mögliche Ursache für ihre Stimmungsschwankungen. Doch auch nach Nächten mit Schlafmitteln besserte sich ihr Zustand keineswegs, alles wurde nur schlimmer. Schließlich diagnostizierte man eine bipolare Störung bei Susanne. Sie bekam starke Medikamente, es gelang den Ärzten aber über lange Zeit nicht, sie richtig einzustellen. Entweder war sie so apathisch, dass sie nur noch im Bett vor sich hin starrte, bei reduzierter Dosis jedoch wurde sie wieder aggressiv und unberechenbar. Es gab kein Mittelmaß bei ihr. Ich stritt auch lang mit ihrem Psychiater in der Klinik darüber, was eigentlich normal ist und was nicht. Die hyperaktive, überdrehte Susanne war es nicht, die ruhiggestellte, völlig apathische junge Frau aber auch nicht.

Als sie aus der Klinik entlassen wurde, zog sie zu meinen Eltern. Allein konnte sie zu jenem Zeitpunkt gar nicht mehr leben. Ihr Zustand war trotz der neuen Medikamente, die sie inzwischen bekam, nicht gut. Total überdrehte Phasen wechselten sich mit extrem traurigen Gemütszuständen ab. Das Schlimmste: Ihr Wesen änderte sich oft in Sekundenschnelle, sie war völlig unberechenbar. Zudem geriet sie in dubiose Kreise. Auch Drogen kamen dabei ins Spiel. Meine Eltern litten zu der Zeit sehr unter ihrem Zustand. Zum einen hatten sie Angst um sie und zum anderen fühlten sie sich furchtbar hilflos.

III. Loslassen

Susanne konnte wegen ihrer Krankheit nicht zu Ende studieren und in ihrem Leben nie längere Zeit arbeiten. Sie war niemals verheiratet und hat auch keine Kinder. Der große Lichtblick in ihrem Leben war ein sehr netter Mann, den sie vor 25 Jahren in einer psychiatrischen Klinik kennenlernte. Beide waren psychisch instabil, aber sie taten sich auf besondere Weise gut und stützten sich trotz ihres Handicaps. Leider ist Susannes Partner 2016 verstorben. Damals hatten wir große Sorge, dass das einen totalen Zusammenbruch bei ihr auslösen könnte. Sie trauerte sehr um ihn, hat seinen Tod aber glücklicherweise gut verarbeitet.

Momentan ist sie psychisch stabil. Sie war seit acht Jahren in keiner Klinik mehr, lebt allein in einer kleinen Wohnung und versorgt sich selbst. Doch wer die Susanne von früher kennt, wird sie heute nicht mehr wiedererkennen. Durch das starke Neuroleptikum entsteht bei ihr kein Sättigungsgefühl, daher hat sie stark an Gewicht zugenommen. Die Medikamente sorgen leider auch dafür, dass sie sehr langsam geworden ist. Viele Alltagsdinge wie Treppensteigen, Geschirrspülen oder Einkaufen werden für sie schnell zu anstrengend.

Ich freue mich über jeden Tag, an dem es ihr gut geht. Wir telefonieren ein- bis zweimal täglich miteinander. Sie ist völlig klar im Kopf, und ich kann mit ihr über alles reden. Unser Verhältnis ist heute so gut wie nie. Einmal im Monat fahre ich zu ihr und wir besuchen zusammen unsere 92-jährige Mutter. Wir drei haben dann richtig Spaß, lachen sehr viel und sind heute eher eine freundschaftlich verbundene Einheit, ein gutes Team, was früher undenkbar schien. Dennoch bin ich oft sehr traurig wegen der vielen verpassten Chancen und Möglichkeiten, die ihr die Krankheit genommen hat. Ihr Leben heute ist nicht ansatzweise das, was sich meine Schwester mit Anfang 20 erträumte und was ich ihr wirklich von Herzen gegönnt hätte.

Claudia

Susanne ist mit ihrer lebenslangen Psychokrise sicher ein extremes Beispiel. Und dennoch weiß ich aus meinem Bekanntenkreis, dass schon eine einfache bis mittelschwere Depression reicht, um das Leben von heute auf morgen völlig durcheinanderzubringen. Ein Beispiel dafür ist meine Bekannte Claudia. Nachdem ihre Stelle als Lektorin in einem Verlag wegrationalisiert wurde, als sie 53 war, fiel sie in ein tiefes Loch. Wieder und wieder bewarb sie sich bei Unternehmen, folgte jedem Vorschlag des Arbeitsamts – und bekam doch immer nur Absagen.

Sie war sich relativ sicher, dass es weniger an ihrer Person als vielmehr an ihrem Alter lag. Claudia lebte allein und hatte immer einen sehr großen Freundeskreis. Doch plötzlich zog sie sich mehr und mehr zurück, hatte überhaupt kein Interesse mehr an den „Mädelsabenden", die sie sonst so geliebt hatte. Irgendwann gestand sie mir, dass sie morgens oft gar nicht mehr aufstünde, weil da ja sowieso keiner sei, der auf sie warte. Sie fühlte sich nicht traurig, sondern „emotionslos" und „wie in Watte gepackt". Selbst die einfachsten täglichen Verrichtungen wie Zähneputzen oder das Toasten einer Scheibe Brot wurden für sie plötzlich zu fast unüberwindbaren Aufgaben. Anfangs ertappte ich mich dabei, ihre Depression nur für eine traurige Phase zu halten, die wieder vergeht. Doch dann merkte ich, dass Floskeln wie „Kopf hoch" oder „Das wird schon wieder" ihr überhaupt nicht halfen, sondern ihre Verzweiflung noch verstärkten. Über ein Frauengesundheitszentrum machte ich mich dann über Depressionen kundig und bekam dort auch eine Ärzteliste für sie.

Claudia hatte großes Glück: Durch Zufall war gerade ein Therapieplatz bei einer Psychiaterin frei geworden. Seit einem Jahr macht sie dort eine Gesprächstherapie und nimmt zusätzlich ein Antidepressivum ein. Beides half nicht sofort, aber nach einem halben Jahr meinte sie eines Tages zu mir: „Anna, das war, als ob irgendwann in dem dunklen Loch, in dem ich monatelang gefangen war, wieder jemand ein Licht angeknipst hätte."

Hans II

Obwohl Hans über Jahrzehnte meine ganz große Liebe war, war diese nicht für die Ewigkeit gemacht. Dabei gaben wir uns wirklich Mühe, wollten alles anders und besser als beispielsweise meine Eltern machen. Ich sah in der Ehe nicht ein spießiges, von außen verordnetes Konstrukt, sondern vielmehr ein Herzensbekenntnis, mit diesem einen besonderen Menschen alt werden zu wollen. Das war meine Vorstellung. Hans sollte der Vater meiner Kinder sein, und mit ihm wollte ich bis zum Lebensende zusammen sein. Ich bin eine sehr treue Seele. Und wenn ich mich einmal für etwas oder jemanden entschieden habe, dann halte ich auch daran fest.

Als ich Hans als Student kennenlernte, bewunderte ich ihn besonders für seine Disziplin. Er hatte schon während des Studiums sein Leben bis ins Detail geplant und fehlte bei keiner Vorlesung. Er wusste genau, welches Haus er haben und wo er leben wollte. Er war im Gegensatz zu mir extrem strukturiert. Das faszinierte mich. Nach unserer Heirat und der Geburt von Johannes zogen Hans und ich relativ schnell mit einem kurzen Abstecher über Bremen nach Lübeck. Und dort erfüllten wir uns auch den großen Traum von drei weiteren Kindern.

Unsere Rollenaufteilung war dabei von Anfang an klar. Er war ein viel beschäftigter, hart arbeitender Architekt, ich kümmerte mich in weiten Teilen um die Erziehung der Kinder. Außer, dass er von Zeit zu Zeit am Abend die Aufsicht beim Zähneputzen hatte, musste er sich um nichts kümmern. Dadurch kamen wir uns nie ins Gehege, andererseits gab es dadurch aber auch nur wenig Verbindendes zwischen uns.

Diese Rollenverteilung war trotz aller Umbrüche und Veränderungen in den 1970er-Jahren gang und gäbe. In unserem Bekanntenkreis gab es keine einzige Frau, die Mutter war und gleichzeitig Vollzeit arbeitete. Das ist heute anders. Wenn ich mir meine drei Schwiegertöchter ansehe, dann weiß ich, dass sie alle wieder voll in ihren Beruf einsteigen wollen. Ihnen ist deutlich bewusst, dass eine Karriere in Teilzeit nicht machbar ist.

Hans und ich waren beide glücklich mit dem, was wir hatten und taten, nur vielleicht nicht miteinander. Jeder hatte genau das bekommen, was er sich vom Leben wünschte. Mein Mann ging in seiner Arbeit völlig auf, ich hatte meinen Lebenstraum von vier wunderbaren Kindern verwirklicht. Bei geschäftlichen Einladungen fiel mir zudem noch die Repräsentationsrolle zu. Ein echtes Familienleben außer dem gemeinsamen Frühstück am Morgen gab es bei uns nicht. Eigentlich war ich mit den Kindern fast immer allein. Unter der Woche arbeitete Hans viel, an den Wochenenden engagierte er sich dann noch in der Politik. Ich beklagte mich nie darüber, schließlich kümmerte er sich ja

III. Loslassen

darum, dass es seiner großen Familie gut ging und wir finanziell abgesichert waren. Sein Engagement und Erfolg im Beruf ermöglichten es mir allerdings auch, in den ersten Lebensjahren der Kinder nicht arbeiten zu müssen. Und natürlich drückte ich ihm auch die Kinder nie spontan aufs Auge, ich wusste ja, dass er einen vollen Kalender hatte. Alles in allem war ich eine pflegeleichte Ehefrau. Eingefordert habe ich nur wenig. Nicht weil ich mich nicht getraut hätte, sondern weil mir unser Lebensmodell als absolut selbstverständlich erschien.

Doch leider sah mein Ex-Mann das Großziehen von Kindern nicht als gleichwertiges Pendant zu seiner anspruchsvollen Arbeit. Für ihn war meine Aufgabe eher im unteren Bereich angesiedelt, das spürte ich. Glücklicherweise hatte ich genug Selbstbewusstsein, um zu wissen, was ich da leistete. Dennoch blieben Zweifel und das Gefühl von Unausgewogenheit. Je älter die Kinder wurden, umso deutlicher traten die Unterschiede zwischen unseren beiden Lebensentwürfen zutage. Hans arbeitete nach seiner schweren Erkrankung noch mehr. Während ich ein absoluter Nachtmensch bin, war er schon abends um zehn müde. Wenn wir miteinander sprachen, dann eigentlich nur über die Arbeit oder Organisatorisches. Mir fehlten irgendwie die Gefühle, die ja auch über Worte vermittelt werden. Ich wäre gern mit ihm ins Kino gegangen oder hätte mit ihm über Gedichte gesprochen. Und für größere kulturelle Events konnte ich ihn schon gar nicht begeistern. Als in Berlin der Reichstag von Christo und seiner Frau verhüllt wurde, musste ich ihn geradezu beknien, mitzugehen. Unbeeindruckt stand er vor dem faszinierenden Großkunstwerk, und ich spürte, dass ich besser allein gegangen wäre, weil er mir auch ein bisschen den Spaß an der Sache nahm.

Ich glaube noch nicht mal, dass er kein Interesse hatte, er gönnte sich vielmehr überhaupt keine Muße für Dinge außerhalb seines anstrengenden Jobs. Auch über seine Ängste und Sorgen sprach er nie mit mir. Nicht einmal, als er damals so schwer krebskrank war. Er hatte einfach eine andere Auffassung und konnte diese auch nicht vermitteln. Mein Mann war immer in seiner Welt und ich in meiner. Und die lagen leider auf voneinander sehr weit entfernten Planeten. Daraus entstand dann im Lauf der Jahre ein Vakuum, das irgendwann nicht mehr zu füllen war. Dazu kam aber noch etwas anderes.

Auch wenn wir schon zu Beginn unserer Beziehung nie wie Turteltauben waren, nahm die körperliche Anziehungskraft plötzlich mit erschreckendem Tempo ab. Ich fand Hans zwar immer noch attraktiv, aber das Begehren wurde von Tag zu Tag weniger. Während er für mich immer der einzige Mann gewesen war und ich niemals auch nur darüber nachgedacht hatte, fremdzugehen, hatte ich bei ihm umgekehrt nie das Gefühl, „the one and only" zu sein. Hans war schon immer sehr empfänglich für Wertschätzungen und Komplimente von anderen, das war mir schon zu unserer Studienzeit aufgefallen.

Und so erlebte ich denn auch den Klassiker vieler Ehen: Nach 25 Jahren gemeinsamer Zeit gestand mir mein Ex-Mann, dass er eine Freundin hatte. Die Frau war deutlich jünger und wohl das genaue Gegenteil von mir. Sie bewunderte und verehrte ihn, und sah wohl auch ein bisschen zu ihm auf. Ich dagegen war nie der Typ Frau, der liebliche Komplimente verteilt.

Nach seinem Geständnis war ich total entsetzt, enttäuscht und todtraurig. Wenige Tage später kam noch Wut hinzu. Hans beendete diese Affäre dann auch. Doch letztlich waren wir schon früher gescheitert. Der endgültige Bruch kam dann ganz

III. Loslassen

unvermittelt. Wir standen eines Morgens in der Küche und bereiteten das Frühstück zu. Er erklärte mir ganz sachlich, dass er jetzt 60 sei, die nächsten 30 Jahre seines Lebens noch einmal etwas ganz anderes erleben und sich deshalb von mir trennen wolle. Ich war zutiefst erschüttert, aber gleichzeitig auch überrascht. Nie zuvor hatte ich an Trennung gedacht. Denn ich fühlte mich ihm nach all den Jahren immer noch sehr verbunden. Nicht nur wegen der Kinder, sondern auch wegen allem, was wir gemeinsam durchgestanden hatten. Auch unser Umgang miteinander war immer respektvoll. Die fehlenden Puzzleteile zum Glücklichsein besorgte ich mir anderweitig. Entweder allein oder mit Freundinnen besuchte ich Ausstellungen und ging ins Kino und ins Theater.

Nach ein paar Monaten zogen wir beide aus unserer großen, gemeinsamen Berliner Wohnung aus, jeder hatte sich etwas Kleineres, Bezahlbareres im selben Stadtteil gesucht. Ganz loslassen konnte ich anfangs noch nicht. Ich holte Hans nach seinen Geschäftsreisen noch zweimal am Flughafen in Tegel ab. Als er durch die Absperrung kam, freute er sich richtig, mich zu sehen. Aber das Herz, das war irgendwie weg, auf beiden Seiten. Beim letzten Mal gingen wir dann gemeinsam zum Abendessen. Es war ein langer, ruhiger Abend mit guten Gesprächen, und wir haben uns gegenseitig ganz bewusst freigegeben für die Zeit, die uns noch im Leben bleibt. Warum sollte ich ihn halten, wenn er unglücklich war und lieber mit einer anderen Frau leben wollte? Wenn jemand gehen möchte, muss man ihn ziehen lassen. Und wer zurückkommt, muss das freiwillig tun. So habe ich es auch in Bezug auf meine Kinder immer gehalten. Gefangene haben ihre Wärter noch nie geliebt. Die meisten unserer Freunde waren völlig erstaunt, dass ausgerechnet wir uns trennten. Für sie waren wir offenbar *das* Vorzeigepaar. Und auch meine Mutter ist damals aus allen Wolken gefallen, als sie hörte, dass wir uns scheiden lassen wollten. Unsere Kinder waren sehr traurig. Aber sie wussten, dass wir beide immer für sie da sein würden. Das hatten wir ihnen fest versprochen. Wieder zurück zu meinem Ex-Mann gehen – das stand für mich eigentlich nie zur Wahl. Das Herz war ja unwiederbringlich weg, die Liebe erloschen. Das merkte ich dann noch mal sehr deutlich, als ich ihn irgendwann mit seiner neuen Frau auf der Straße traf. Ich sah die beiden zusammen Hand in Hand über den Ku'damm schlendern – und fühlte eigentlich gar nichts. Keinen Schmerz, keine Trauer, aber auch keine Eifersucht. Ich fand sogar, dass die beiden ein wirklich schönes Paar abgaben.

Vermutlich war es kein Zufall, dass es zur Trennung kam, als ich Mitte 50 war. Für mich waren das im wahrsten Sinne des Wortes Wechseljahre. Für die Generation meiner Eltern und erst recht meiner Großeltern läutete diese Zeit meist die Endphase ihres Lebens ein. Mit 50 oder spätestens mit 60 war man alt. Heute ist es der Übergang in die zweite Phase des Lebens. Für mich ist diese zweite Phase die eines neuen Aufbruchs, spannender Entwicklungen und ungeahnter Möglichkeiten. Rückblickend bin ich dem Schicksal sehr, sehr dankbar, dass es mich durch diese Trennung zu meiner großen Liebe geführt hat.

Natürlich habe ich die äußerlichen Anzeichen der Wechseljahre bzw. des Älterwerdens auch an mir wahrgenommen. Durch das Absinken des Östrogenspiegels wird die Haut dünner und empfindlicher, sieht weniger prall und straff aus. Das merkt man nicht nur im Gesicht, sondern gerade bei so schlanken Frauen wie mir auch am Körper. Gleiches gilt für die Schleimhäute. Das habe ich besonders unangenehm an meinen Augen bemerkt, die sehr empfindlich sind. Dank Augentrosttropfen und einer Wärmemaske, die ich beim täglichen Workout zur Straffung meines Körpers trage, habe ich das Problem mittlerweile ganz gut im Griff.

Die großen Wechseljahrbeschwerden wie Hitzewallungen, Depressionen und Schlafstörungen, unter denen einige Frauen leiden, sind bei mir glücklicherweise ausgeblieben. Ein paar warme Wellen – das war es auch schon. Ich hatte mir bereits vor den Wechseljahren überlegt, dass ich keinesfalls eine Hormontherapie machen möchte. Komme, was da wolle. Das liegt ein wenig an meiner Einstellung, möglichst überhaupt keine Medikamente einzunehmen. So leide ich ein paarmal im Jahr unter Migräneattacken. Natürlich könnte ich Tabletten dagegen nehmen, da gibt es inzwischen einige sehr wirksame Medikamente, und selbst eine vorbeugende Impfung ist seit Neuestem auf dem Markt. Doch ich finde, dass all das die Ursachen nur verdeckt. Und so gebe ich meinem Körper in diesen Momenten das, was er gerade fordert: Dunkelheit, Ruhe und Liegen. Natürlich muss man sich das auch leisten können, und es ist sicher nicht immer einfach zu bewerkstelligen, wenn man voll berufstätig oder Mutter von kleinen Kindern ist.

Ich habe gelernt, in meinem Körper hineinzuhorchen, und weiß, dass diese Migräneanfälle selten ohne Grund kommen. Bei mir ist der Auslöser meist die Kombination aus Kaffee, Süßigkeiten und Stress. Unter längerem Zeitdruck kommt es vor, dass ich mich relativ ungesund mit viel Koffein und Schokolade ernähre. Ich kann die Uhr danach stellen: Am nächsten Tag ist die Migräne da.

Ähnlich verhält es sich meiner Meinung nach mit leichten bis mittelstarken Wechseljahrbeschwerden. Auch hier plädiere ich dafür, erst einmal zu gucken, mit welchen „Bordmitteln" man den Problemen begegnen kann, aber auch, was die Probleme vielleicht begünstigt. Bei Hitzewallungen würde ich auf die Kleidung achten, mich im Lagenlook anziehen, viel Naturfasern tragen und immer ein Thermalspray dabeihaben, das für Erfrischung sorgt und Schweißflecken verhindert. Starkes Übergewicht verstärkt Hitzewallungen zudem oft noch. Stehen Schlafstörungen im Vordergrund, würde ich es statt mit Hormonen zunächst mit pflanzlichen Mitteln, aber auch einem Schlafmanagement versuchen. Dazu gehört, dass man sich nicht abends um 22 Uhr noch den düsteren Schweden-Krimi ansieht, sondern lieber in einem freundlichen Buch blättert, statt ein Glas Wein besser eine Tasse Verveine- oder Lavendeltee trinkt und vielleicht direkt vor dem Schlafengehen noch ein wenig Tagebuch schreibt. Das müssen keine großen Romane sein. Einige kurze Ausführungen über das Highlight des Tages, aber auch, was einen gerade umtreibt oder geärgert hat – das kann sehr entlasten. Bei depressiven Verstimmungen wirkt ein bisschen Bewegung schon Wunder. Das ist keine Binsenweisheit, sondern wissenschaftlich nachgewiesen. Versuchen Sie mal, tieftraurig oder richtig niedergeschlagen zu sein, wenn Sie strammen Schrittes durch eine schöne Landschaft spazieren, auf dem Laufband joggen oder mit dem Rad im Park unterwegs sind. Das ist praktisch unmöglich.

Meine Abneigung gegen Medikamente bedeutet allerdings nicht, dass ich mich nicht um meine Gesundheit kümmere. So wie ich mich gesund ernähre und viel bewege, gehe ich auch regelmäßig zu allen Vorsorgeuntersuchungen.

Schwanger mit dem vierten Kind – und auf dem Foto zu sehen mit Wilhelm, Johannes sowie Hans mit Elisabeth auf dem Arm (von links)

IV. Ankommen

Ich habe mir jede Falte verdient

Ich betrachte mich jeden Tag im Spiegel. Nicht weil ich so wahnsinnig eitel, sondern weil ich mutig bin. Denn natürlich sehe ich da Falten, schlaffe Haut und rote Äderchen auf den Wangen. Aber ich sehe auch schöne Augen, schlanke Beine und eine tolle Taille. Und ich bin mir sicher: Jeder hat etwas, was ihn schön oder außergewöhnlich macht. Man muss nur mal ganz genau hinschauen im Spiegel.

Oft werde ich gefragt, wie ich mir meine tolle Figur erhalte. Zum einen sind da sicherlich gute Gene im Spiel, mein Großvater und mein Vater haben es offensichtlich gut mit mir gemeint. Auf meinen Körper bin ich nicht in erster Linie stolz, sondern empfinde ihm gegenüber vor allem eine große Dankbarkeit. Weil er mich einigermaßen freundlich durch die Dekaden begleitet hat. Und das, obwohl ich ihn nie sonderlich verwöhnt habe. Schon mein Vater hat immer die gute alte Nivea-Creme in der blauen Dose verwendet, eine Gesichtscreme dieser Marke befindet sich auch heute in meinem Bad. Auf dem Badewannenrand stehen noch ein Shampoo, ein Duschgel und eine Bodylotion, mehr brauche ich nicht.

Make-up verwende ich privat so gut wie nie. Einzig mein Kajalstift in einem ganz bestimmten Khaki-Ton ist mir heilig, weil er meine blaugrünen Augen so schön betont. Natürlich versuche ich, meinen Körper in Form und straff zu halten, das ist schon für das Modeln unerlässlich. Ich laufe gern in moderatem Tempo, aber nie verbissen oder nach einem genau getakteten Wochenplan. Und wenn ich nicht joggen mag, dann gehe ich eben stundenlang strammen Schrittes durch die Stadt oder mache meine Besorgungen mit dem Fahrrad. Ich habe mir zudem ein kleines Work-out erarbeitet, das ich jeden Morgen nach dem Frühstück im Schlafzimmer absolviere. Auch dann, wenn ich für einen Job unterwegs bin und im Hotel übernachte. Die Gymnastik besteht vorwiegend aus Dehnübungen für Beine, Arme, Hüfte und Rücken, und ich habe den Eindruck, dass sie meine Muskeln geschmeidig halten. Danach mache ich Trockenschwimm-Übungen, die mir ebenfalls sehr guttun. Das Training bewahrt mich auch davor, zu krumm zu laufen, wozu ich leider neige. Anschließend belohne ich mich mit ein, zwei Tassen starkem Kaffee und bin dadurch wirklich für Stunden fit und konzentriert. Zudem ernähre ich mich relativ gesund, ich könnte wirklich ausschließlich von Obst, Gemüse und Nüssen leben. Doch auch hier bin ich nicht dogmatisch und lebe nach irgendeinem Low-Carb- oder No-Fat-Prinzip. Wenn ich Lust auf einen Muffin, eine Pizza oder eine Praline habe, dann esse ich das auch. Mein Körper signalisiert mir seit Jahrzehnten recht zuverlässig, was er braucht und was nicht.

Doch natürlich ändert sich im Lauf der Jahre der Stoffwechsel. Da ich nie eine Frust- oder Belohnungsesserin war und generell nicht so viel Nahrung brauche, spüre ich diese Auswirkungen nicht so stark. Ich weiß allerdings von einigen Freundinnen und Bekannten, dass sie mit Beginn der Wechseljahre an Gewicht zugenommen haben. Im Schnitt fünf bis zehn Kilo. Das passiert natürlich nicht über Nacht, ist kein Mysterium, und ich denke, da kann man auch gegensteuern. Man muss sich einfach bewusst sein, dass sich der Körper mit zunehmendem Alter verändert. Er baut Muskeln ab und setzt gleichzeitig mehr Fettgewebe an. Dadurch braucht der Körper weniger

Energie, der Grundumsatz sinkt. Isst man allerdings genauso viel wie vorher und treibt wenig bis gar keinen Sport, nimmt man unweigerlich zu. Auch das Argument „Ich esse doch gar nicht so viel" nehme ich manchen Menschen einfach nicht ab. Ich denke vielmehr, dass sich viele Menschen bei der täglichen Kalorienaufnahme verschätzen und gar nicht wissen, was sie da alles zu sich nehmen. Ich bin beileibe keine Freundin des Kalorienzählens, aber manchmal ist es hilfreich und interessant, zu wissen, welchen Energiewert die täglichen Nahrungsmittel haben. Von meinem heißgeliebten Gemüse kann man eigentlich nahezu so viel essen, wie man möchte, das macht garantiert nicht dick. Etwas anders verhält es sich da schon mit Obst. Auch das ist natürlich von Natur aus fettarm, enthält aber teilweise recht viele Kohlenhydrate in Form von Fruchtzucker. So kann ein Pfund süße Weintrauben schon dafür sorgen, dass der Blutzuckerspiegel einmal ordentlich in die Höhe schnellt und ganz rasch wieder absinkt – das sorgt dann für ähnlichen Heißhunger, als ob man einen Schokoriegel gegessen hätte. Vorsichtig sein sollte man auch mit Nüssen, die ich selbst sehr liebe. In Maßen genossen, sind sie richtig gesund, enthalten viele gute Fette und sind durch ihre B-Vitamine eine fantastische Nervennahrung. Aber schon eine gute Handvoll zum Knabbern zwischendurch, also rund 50 Gramm, schlagen je nach Sorte mit 250 bis 350 Kalorien zu Buche. Wenn man dann davon ausgeht, dass eine rund 1,70 Meter große Frau von 55 Jahren, die 65 Kilo wiegt, einen Gesamtumsatz von nur rund 1 600 Kalorien pro Tag hat, dann wird die Handvoll Nüsse schnell zur kleinen Mahlzeit statt zum Mini-Snack für zwischendurch. Und die restlichen Mahlzeiten des Tages dürften zusammen nur rund 1 300 Kalorien haben, was nicht viel ist.

IV. Ankommen

Nimmt diese Frau aber ständig mehr als 1 600 Kalorien pro Tag zu sich, nimmt sie unweigerlich zu.

Zu viel künstliche Schönheit ist nicht meins. Ich färbe meine Haare schon seit Jahren nicht mehr, und sie danken es mir damit, dass sie gesund und glänzend sind, wenn auch nicht besonders füllig. Mein langes Haar würde ich nie mehr kurz schneiden lassen. Es ist ein Mythos, dass man sich ab 40 möglichst einen flotten Kurzhaarschnitt zulegen sollte. Natürlich gib es richtig tolle Short Cuts, aber viele Frauen sehen mit kurzen Haaren einfach nur bieder, gesetzt oder madamig aus. Wenn mich jemals ein Friseur in Sachen Haarschnitt zu „etwas Praktischem" überreden wollte, sähe der mich nie wieder. Ich finde, dass mein langes Haar gut zu meinem Typ sowie zu meiner Größe und Figur passt.

Auch Schönheitsoperationen kommen für mich nicht infrage. Ich verurteile aber auch keine Frau, die sich für die Schönheit unters Messer legt, sich Botox in die Stirn spritzen oder die Fettpölsterchen am Bauch mittels Kälte wegfrosten lässt. Mir wäre das alles viel zu aufwendig, und ich habe auch echten Respekt vor diesen Eingriffen. Schließlich sind das alles Risiken, denen wir unseren gesunden Körper ohne medizinische Notwendigkeit aussetzen. Und dass er in meinem Alter noch so gesund und fit ist, macht mich auch demütig, da will ich das Schicksal nicht unnötig herausfordern. Kurzum, ich bin wirklich sehr zufrieden und dankbar. Denn: Wenn ich nicht jetzt zufrieden bin, wann soll ich es dann sein? Ich finde, dass ich mir das alles wirklich verdient habe, das graue Haar, die Falten um die Augen, die Knitterpartien am Körper und die kleinen Altersflecke auf den Handrücken.

Je älter ich werde, desto selbstbewusster werde ich. Als junges Mädchen gab es mich, und es gab meinen Körper. Und so richtig befreundet waren wir damals nicht. Ich fand mich dürr, ungelenk, schlaksig, nicht besonders weiblich. Ein bisschen Frieden geschlossen habe ich mit meiner schlanken Statur erst während des Studiums. Ich konnte noch so kurze Miniröcke tragen, an mir sahen die nie peinlich aus. Doch ich war auch auf der Suche nach mir, meiner Ausstrahlung und damit nach Selbstsicherheit. Und so wechselten sich existenzialistische schwarze Rollkragenpullover und akkurat geschnittener Bob munter mit indischen Wickelröcken und hennagefärbten Haaren ab. Wenn ich heute so manches Bild aus der Zeit meiner Ehe betrachte, bin ich mir selbst sehr fremd. Während ich meine Haare, als meine Kinder klein waren, noch lang und offen trug, sah ich mit Anfang 40 plötzlich sehr gesetzt aus. Ein ganz kurzer, asymmetrischer Haarschnitt, der mir etwas Strenges und auch sehr Androgynes verlieh, dazu eine weiße Bluse mit Stehkragen – damit wirkte ich fast wie in einer Uniform gefangen. Vielleicht war es auch ein Ausdruck meines Lebensgefühls damals ...

Heute hingegen weiß ich genau, was mir steht, worin ich mich wohlfühle und was meine Körperformen freundlich betont. Vor allem aber ruhe ich in mir, stehe zu mir und meinem Aussehen und bin nicht mehr jeden Tag auf der Suche nach einem äußerlichen Zustand der Jugend, den ich sowieso nicht finden kann.

Mode ist mehr als Kleidung

Mode ist für mich eine wunderbare Möglichkeit, mich auszudrücken und etwas darzustellen. Fast wie auf einer Bühne. Mode ist Sprache und sie ist Wesen und die wohl schönste Nebensache der Welt. Mode ist für mich ähnlich schön wie Musik. Ohne Musik kann ich nicht leben, und ohne Mode fehlte mir etwas. Ich ziehe mich morgens nie ohne Überlegung an, ich denke mir dabei immer etwas. Obwohl ich früher eher der Jeanstyp war, trage ich heute leidenschaftlich gern Schwarz, ergänzt durch Dunkelblau und Grau, weil das auch ein guter Kontrast zu meinen weißen Haaren ist. Muster mag ich nicht. Und Fell erst recht nicht. Weder echtes noch als Fake Fur. Anderen mag das stehen, an mir wirkt es behäbig. Wenn ich mal für eine Produktion Pelz tragen muss, komme ich mir damit immer ein bisschen wie die böse Cruella De Vil aus „101 Dalmatiner" oder die eisige Miranda Priestly in „Der Teufel trägt Prada" vor.

Ich stehe zu meinem Alter, ich will nicht wie 20 und nicht wie 40 aussehen – und ich quäle mich deshalb auch nicht in jeden Modetrend wie beispielsweise Skinny Jeans, Culottes oder Overalls. Hautenge Kleidung trage ich heute auch nicht mehr, das überlasse ich gern den ganz Jungen. Ich mag daher auch keine Labels, die nur sehr figurbetonte Schnitte haben. So ein enges Bandagen-Kleid von Hervé Léger wäre mein absoluter Albtraum, auch wenn es angeblich bequem sein und eine tolle Figur machen soll.

Ein klares No-Go sind inzwischen für mich auch Miniröcke, die ich als junge Frau geliebt habe. Dank meiner schlanken Beine sahen die immer toll an mir aus und niemals vulgär, trotzdem habe ich sie an meinem 30. Geburtstag in den Schrank geräumt – und auch nie wieder rausgeholt. Ich bevorzuge heute die knieumspielende Länge. Es gibt so viele junge Mädchen mit wunderschönen Beinen, denen die Minilänge heute wesentlich besser steht als mir.

Dafür sind gute Schnitte und hochwertige Basics, die sich immer wieder neu kombinieren lassen, umso wichtiger. Sackartiges und allzu weite Schnitte, wie sie viele Frauen meiner Generation tragen, mag ich an mir nicht. Die Betonung der Formen ist sehr wichtig, und die Proportionen müssen stimmen. Das gilt übrigens nicht nur für schlanke Frauen.

Zudem liebe ich Teile, die eine subtile Auffälligkeit haben, wie beispielsweise Hosen mit Brokatmuster oder Schuhe in Metalltönen. Gehe stöbere ich in Secondhand-Shops mit Designermode, das ist für mich jedes Mal eine kleine Schatzsuche. Wenn man nicht mehr 20 ist, muss die Qualität einfach stimmen. Ich schmunzele immer sehr, wenn ich Mädchen mit den Papiertüten einer englischen Billigfirma in der U-Bahn sehe. Ich glaube, dort kauft man die Kleidung kiloweise. Da bin ich allerdings nachsichtig, weil ich verstehe, dass die jungen Frauen jeden Trend mitmachen wollen, aber nicht so viel Geld dafür ausgeben können.

Unter den Labels gefällt mir die Modemarke Closed. Viel Baumwolle, minimalistisch, sportlich und manchmal auch ein bisschen klassisch, ohne dabei spießig zu wirken. Schön ist auch die Mode von Jana Wieland und Umasan, einem rein veganen Label, für das ich öfter gemodelt habe. Sie machen schlichte Schnitte, das meiste in Schwarz, weniges auch in Weiß. Und wenn ich sehr viel Geld hätte, würde ich vermutlich häufiger Prada tragen …

Ich gehe nicht häufig shoppen. Viel öfter sehe ich mir schöne Mode an, ohne etwas zu kaufen. Ich bin ein Augenmensch und kann mich allein an dem Anblick einer schönen Farbe, eines raffinierten Schnittes oder einer sichtbar guten Qualität begeistern. Kaufgefährdet bin ich lediglich bei Schuhen. Das seltsame

Gen teile ich wohl mit den allermeisten Frauen. Ich habe überwiegend flache Schuhe im Schrank und ich mag spitze Formen. Aber auch Retro-Looks mit Plateau- und Blockabsätzen finde ich toll. Von einem Shooting in London habe ich mir gerade tolle klassische Mokassins in einem silbernen Leder im Used-Look mitgebracht. Noch weniger als bei Mode mache ich bei Schuhen Abstriche in der Qualität. Ich finde es unfassbar, wie viele Schuhe aus Synthetik heute in den Läden stehen: für zum Teil gar nicht wenig Geld. Hinzu kommt, dass es mir meine Füße inzwischen richtig übelnehmen, wenn ich sie in schlechtes Schuhwerk zwänge.

Bei den Fotoshootings trage ich häufig Teile, die ich privat niemals anziehen würde. Dennoch gehe ich eine innere Verbindung mit diesem Kleidungsstück ein, nehme es als Teil meiner Rolle an und fühle ich mich dann meist auch wohl in dem Outfit. In all den Jahren, in denen ich modele, gab es bisher auch nur einen einzigen Ausrutscher. In Amsterdam sollte ich für ein holländisches Nobelkaufhaus posieren. Der Fotograf und die Stylistin wollten mich unbedingt in einem Minirock mit Kniestrümpfen sehen. Ich fand den Look furchtbar und fühlte mich wie die rehäugige Hauptdarstellerin in einem japanischen Manga. Und der Begriff „Old School Girl" bekam gleich eine ganz andere Bedeutung ...

Empört euch!

Jung bleibt, wer sich einmischt, wenn es ungerecht zugeht. Empörung hält den Geist wach, da bin ich ganz sicher. Sehr wütend in unserer Gesellschaft macht mich oft der Umgang mit Menschen, die schutzbedürftig sind. Das fängt in Krankenhäusern und Altenheimen an und geht bei sozial benachteiligten Menschen und Geflüchteten weiter. Es kann doch nicht sein, dass man an der Pforte einer Einrichtung oder an einem Grenzzaun automatisch seine Menschenwürde abgeben muss. Gerade das Thema Integration lebe ich auch meinen Enkeln vor. Das sind die wahren Werte und sagt gleichzeitig viel über eine Gesellschaft aus. Menschen, die keine Lobby haben, können sich nicht allein helfen und brauchen deshalb den Schutz von uns allen. Sie sind auf die Gesellschaft angewiesen. Da ich Teil der Gesellschaft bin, sehe ich es als meine moralische Pflicht an, zu helfen und Missstände aufzuzeigen. Das ist für mich ein elementares Thema. Da ich aber weiß, wie es in der Realität um einen Großteil der alternden Gesellschaft bestellt ist, bin ich mir bewusst, dass mein Einfluss dabei nur begrenzt ist.

Aus den Erfahrungen mit meinem damals schwerkranken Ex-Mann weiß ich, dass es durchaus gute Krankenhäuser mit hervorragendem Pflegepersonal und Ärzten gibt. Dennoch versuche ich, prophylaktisch alles zu tun, um einen Aufenthalt dort zu vermeiden. Ich bewege mich viel, mache jeden Tag Gymnastik, ernähre mich ausgewogen, rauche nicht und trinke keinen Alkohol. Damit kann ich schon mal einigen Erkrankungen wie zum Beispiel Diabetes oder Herz-Kreislauf-Problemen zumindest vorbeugen.

Ich hoffe sehr, dass mir ein Altenheim mal erspart bleibt. Das kommt für mich überhaupt nicht infrage. Ich kann mir viele andere Lebensformen im Alter vorstellen, sei es ein Mehrgenerationenhaus oder auch ein Leben im Haus eines meiner Kinder, aber ein Altenheim ist für mich nicht akzeptabel. Das wissen

IV. Ankommen

auch meine Kinder, und in ihnen habe ich Fürsprecher, sollte es
mit mir mal körperlich oder geistig bergabgehen.

Doch leider sind viele alte Menschen ganz allein, haben keine Kinder oder aber welche, die weit weg wohnen oder sich
einfach nicht kümmern. Wer beschützt diese Menschen vor
schlechter Pflege? Natürlich weiß ich, dass das Problem oft dem
chronischen Personalnotstand beziehungsweise der schlechten
Bezahlung in den Pflegeberufen geschuldet ist. Zudem sollte
man nur Menschen einstellen, die sich zu dieser Arbeit auch
berufen fühlen. Umschüler, die sich aus Not für diesen Job ent-
scheiden, aber viel lieber Autos verkaufen würden, sollten besser etwas anderes machen. Auch bei Nachtwachen müssen die
Auswahlkriterien strenger sein, denn gerade nachts ist der Per-
sonalschlüssel meist besonders niedrig. Wenn dann etwas nicht
nach Plan läuft, kann das schnell zu einem Drama führen.

Auch gibt es viel zu wenig Kontrollen, besonders in priva-
ten Altenheimen. Da rühmt sich so manche Einrichtung mit
Schwimmbad, Sauna und Theatersaal, über die Qualität der
Pflege sagt das aber erst mal gar nichts aus. Ich habe bei dem
Besuch einer Bekannten in einer sehr noblen Residenz im Berliner Umland einmal eine schreckliche Erfahrung gemacht. In
diesem Haus gab es alles, was man sich wünschen kann: Pool,
Kamin, Kulturabende, Dreigangmenüs am Abend. Irritiert war
ich dann bei einer Hausführung, als ich sah, dass es zwei Speise-
säle gab. Einer war eingerichtet wie ein schickes Restaurant, der
andere war relativ nüchtern möbliert. Des Rätsels Lösung: Der
karge Speiseraum war für die dementen Patienten der Einrichtung. Man wollte es den anderen, den betuchten, geistig fitten
Senioren im Haus nicht zumuten, mit Bewohnern zusammen
essen zu müssen, die vielleicht die Möhren auf ihrem Teller

nicht mehr finden, Tonnen von Sprühsahne über ihren Schoko-
pudding geben oder ihren BH über der Bluse tragen. Wer will
bei 4000 Euro Kosten im Monat schon an den eigenen Verfall
erinnert werden …

Ganz allgemein erschließt sich mir der Sinn von sogenannten Seniorenresidenzen nicht. Solange ich fit bin und am gesellschaftlichen Leben teilhaben kann, kann ich auch in meiner eigenen Wohnung leben. Wenn ich zum schweren Pflegefall werden
sollte und nur noch im Bett liegen kann, nützt mir auch die tolls-
te Einrichtung mit gediegener Hotelatmosphäre nichts mehr.

Für mein Lebensende möchte ich, soweit es möglich ist, vorsor-
gen. Ich werde demnächst eine Patientenverfügung aufsetzen,
die sehr genau besagt, was die Ärzte im Falle eines Falles tun
oder lassen müssen. Meine Mutter hat bereits eine erstellt, und
ich kann es nur jedem empfehlen, in guten Zeiten zumindest
einmal darüber nachzudenken.

Meine Mutter hat in Bezug auf Alter, Leben und Leiden übrigens eine sehr ähnliche Einstellung wie ich. Ich habe ihr versprochen, dass sie niemals ins Krankenhaus oder gar in ein
Altenheim muss. Und ich bin mir auch relativ sicher, dass sie
irgendwann in ihrem Haus stirbt. Dort geht sie nicht mehr weg.

Überhaupt: Zu Hause sterben – das war früher normal und
ist in unserer heutigen Gesellschaft nicht mehr vorgesehen,
was ich persönlich sehr bedauere. Dadurch wird ein natürli-
cher Vorgang im Leben zu einer Art von Krankheit erklärt, die
manche Mediziner heute für fast beherrschbar halten. Anders
ist es nicht zu erklären, dass einige Ärzte auch offensichtlich
Sterbende mit aller Macht am Leben erhalten möchten und ihre
Qualen damit oftmals nur unnötig verlängern.

IV. Ankommen

Natürlich hat meine Mutter mit ihrem Lebensumfeld in einem Dorf Glück gehabt. In einer anonymeren Großstadt wäre ihre Eigenständigkeit so vermutlich nicht möglich. Sie erledigt alles in Haus und Garten, was sie noch schafft. Und um den Rest kümmern sich bezaubernde Nachbarn. Sollte sie einmal doch mehr Pflege brauchen, könnte ich mir vorstellen, einen ambulanten Pflegedienst zu engagieren. Ob sie den allerdings ins Haus lässt, ist fraglich.

Sterben passt nicht in unsere Gesellschaft, Altwerden aber manchmal offensichtlich auch nicht. Was mir neuerdings in Großstädten auffällt, ist, dass es praktisch No-Go-Areas für ältere Menschen gibt. Meine Mutter hat mich bei ihrem letzten Besuch darauf gebracht, als wir gemeinsam auf dem Ku'damm bummeln waren. „Hier fährt ja überhaupt keiner mit dem Rollator", sagte sie. Das war mir, ehrlich gesagt, noch nie aufgefallen. Ich guckte mich eine Zeit lang intensiv um und musste ihr recht geben. Hier gab es nur junge Menschen und vitale Alte. Handicaps und Gebrechlichkeit sind auf diesem Luxus-Boulevard nicht vorgesehen.

Viele Menschen haben regelrecht Angst vor dem Altwerden: Sie denken dabei an Altersarmut, Einsamkeit und Pflegenotstand. Frauen fürchten sich aus bekannten Gründen besonders davor. Das alles sind keine Erfindungen der Medien, sondern real existierende Bedrohungen, bedingt durch den demografischen Wandel. Doch es gibt auch eine andere Sicht darauf, die meiner Einstellung zum Alter eher entspricht. Wir leben immer länger – uns geht es immer länger gut, sowohl physisch als auch psychisch. Vor Kurzem habe ich etwas zu diesem Thema in der Zeitung gelesen, das Mut machen kann. In einer breit angelegten Langzeitstudie in Berlin stellte sich heraus, dass Menschen in hohem Alter heute zufriedener leben denn je: Den „neuen" Alten geht es deutlich besser als der Generation vor ihnen.

Ich denke aber auch, dass sich nicht nur die Lebenseinstellung der Betroffenen, sondern auch das Verhältnis der Gesellschaft zu älteren Menschen in den letzten 20 Jahren wirklich geändert hat. Zumindest ein Teil des Arbeitsmarkts hat entdeckt, dass Menschen ab 50 nicht unnötiger Ballast, sondern aufgrund ihrer Erfahrungen ein echter Gewinn für ein Unternehmen sein können.

Besonders deutlich wird diese neue Wahrnehmung der Silver Ager in der Lifestyle-Werbung. Noch vor 30 Jahren wäre es fast undenkbar gewesen, dass eine Frau, die älter ist als 20, für ein Beauty-Produkt modelt oder über den Laufsteg geht. Dann entdeckten Kosmetikunternehmen plötzlich gestandene Frauen wie Iris Berben, Senta Berger, Isabella Rossellini, Helen Mirren oder Jane Fonda – und viele Frauen fühlten plötzlich, was sie schon lange wussten: Wir gehören dazu, wir stehen mitten im Leben, und das soll man bitteschön auch sehen.

MeToo

Mitten im Leben, so fühlt sich auch meine 92-jährige Mutter noch. Jedes Mal, wenn sie mich in Berlin besuchen kommt, gehen wir in der Innenstadt shoppen. Die Krönung eines Einkaufsbummels ist für uns beide dann immer das Kaffeetrinken danach. Das liebt sie mindestens ebenso wie ich, und sie ist inzwischen fast die erfahrenere Cappuccino-Expertin von uns beiden. Wenn sie mich besucht, gehen wir oftmals in eine wun-

IV. Ankommen

derschöne Bar im zehnten Stock eines Hotels unweit des Bahnhofs Zoologischer Garten. Von dort hat man einen tollen Blick auf die Gedächtniskirche, die Tauentzienstraße und die anderen neuen, ultramodernen Hochhausbauten, die hier in den letzten Jahren entstanden sind. Von dieser Bar schaut man auch auf den Breitscheidplatz. Hier fuhr am 19. Dezember 2016 der Attentäter Anis Amri mit dem Lastwagen mitten in die Besuchermenge auf dem Weihnachtsmarkt, tötete dabei zwölf Menschen und verletzte zahlreiche weitere schwer. Natürlich war ich damals wie wohl fast alle sehr erschüttert über diese furchtbare Tat. Überrascht hat sie mich allerdings wenig. Denn mir war klar, dass der Terror irgendwann auch Deutschland und insbesondere die Hauptstadt treffen würde. Natürlich geht das Leben auch nach so einer grauenhaften Tat weiter, und ich lasse mich von den Terroristen weder in die Knie zwingen noch erstarre ich vor Angst oder verkrieche mich zu Hause.

Angst macht mir da eher der Umgang mit dem Klima. Gerade erst habe ich dieses erschütternde Video eines verhungernden Eisbären gesehen, der in seinem veränderten Lebensraum keine Nahrung mehr findet. Flutkatastrophen nehmen in einem Teil der Welt zu, während sich Menschen in Kapstadt und anderswo auf einen Day Zero vorbereiten müssen, an dem kein Trinkwasser mehr aus der Leitung kommt. All das wird gekrönt von einem US-Präsidenten, der den Klimawandel zu Fake News erklärt.

Ich versuche zumindest meinen kleinen Teil dazu beizutragen, meinen Kindern, Enkeln und Urenkeln diese Welt halbwegs heil zu hinterlassen. Ich bin davon überzeugt, dass viele kleine Dinge zusammen etwas Größeres bewirken können. Ich trenne Müll, habe in der ganzen Wohnung Energiesparlampen, sammle Batterien und versuche, überflüssigen Verpackungsmüll zu vermeiden. Ich besitze kein Auto, und wenn ich mal eines brauche, nutze ich Car-Sharing. Normalerweise bin ich viel mit öffentlichen Verkehrsmitteln oder mit dem Fahrrad unterwegs. Innerhalb vonDeutschland reise ich mit dem Zug und verzichte auf umweltbelastende Flüge. Auch in Sachen Ernährung kaufe ich sehr bewusst ein. Ich brauche keine Erdbeeren im Februar, keinen Wein aus Neuseeland und keine Äpfel aus Afrika. Fleisch esse ich selten, und wenn, dann gönne ich mir ein schönes Stück in Bioqualität oder vom Neuland-Fleischer, das ich dann aber auch mit besonderem Genuss esse. Ich weiß, dass es wohl niemandem möglich ist, zu 100 Prozent korrekt zu leben, aber 80 Prozent sind doch auch schon mal ein Anfang. Besonders, wenn das viele täten …

Besorgt bin über die zunehmende Verrohung in unserer Gesellschaft. Menschen, die totgeschlagen werden, weil sie Zivilcourage zeigen und andere schützen wollten. Leute, die aus einer Laune heraus eine Treppe hinuntergestoßen werden. Oder auch Frauen, die in der Silvesternacht von ganzen Männerhorden sexuell belästigt werden. Obwohl meine Ängste im Alter generell weniger geworden sind, bin ich doch in manchen Dingen vorsichtiger geworden. Früher fuhr ich zu jeder Tages- und Nachtzeit mit öffentlichen Verkehrsmitteln, heute nehme ich am Abend oder in der Nacht ein Taxi. Denn leider habe ich auch selbst sexuelle Belästigung erfahren. Ich wollte zu meiner Mutter ins Ruhrgebiet fahren und saß in der Regionalbahn von Dortmund nach Bochum, das Abteil war relativ leer. Plötzlich setzte sich ein Mann mittleren Alters neben mich. Ich hatte ihn erst gar nicht wahrgenommen, weil ich mit meinem Handy beschäftigt war. Plötzlich legte er seinen Arm um mich, fasste mir mit der anderen Hand ans Knie und flüsterte mir obszöne Wörter ins Ohr. Ich befreite mich aus seinem Griff und ging in den vorderen Zugteil, wo ein älteres Ehepaar saß. Der Mann kam mir hinterher. Doch glücklicherweise kamen mir noch andere Passagiere zu Hilfe und stellten sich schützend vor mich. Als der Mann am nächsten Bahnhof aus dem Zug sprang, liefen sogar noch zwei couragierte junge Männer hinter ihm her, er konnte jedoch unbehelligt entkommen.

Auf der Rückreise zwei Tage später musste ich wieder mit diesem Regionalexpress fahren und wandte mich gleich nach dem Einsteigen an die Schaffnerin und fragte, ob ich in ihrer Nähe bleiben dürfte. Sie erkundigte sich nach dem Grund, und ich erzählte ihr von meinem Erlebnis auf der Hinfahrt. Sie meinte nur lapidar: „Ach, da sind sie nicht die Einzige." Obwohl solche Vorfälle offensichtlich öfter vorkommen, fährt kein zusätzliches Personal in dem Zug mit …

Weniger ist irgendwann mehr

Ich bin immer gern umgezogen. Von Essen nach Berlin, dann nach Bremen, nach Lübeck und nach Mecklenburg-Vorpommern und schließlich wieder zurück nach Berlin. Gerade habe ich meine geliebte Charlottenburger Wohnung aufgegeben und bin in die Nähe meiner Kinder ins beschauliche Lichterfelde gezogen. 100 gut geschnittene Quadratmeter in einem hellen Souterrain mit Garten. Überschaubar und gemütlich. Sollte mir auch diese Wohnung irgendwann mal zu groß werden, würde ich auch noch mal in eine kleinere ziehen. Das habe ich auch so mit meinen Kindern besprochen.

Es gibt eigentlich nur vier Möbelstücke, an denen mein Herz hängt. Und die würde ich notfalls auch in einer 20-Quadratmeter-Wohnung übereinanderstapeln. Alles sind Unikate des Malers und Bildhauers Burkhard Pfister, den wir in unserer Zeit in Lübeck kennengelernt hatten. Er lebt inzwischen in Thüringen, wo er auch seine Wurzeln hat. Mein Lieblingsstück von ihm ist ein wunderschöner dreiteiliger Spiegel. Den hatte ich zusammen mit meinem Ex-Mann vor rund 25 Jahre gekauft. Wir sparten auf alle Stücke dieses Künstlers immer lange Zeit, sie sind also in jedem Sinn wertvoll.

Die rechte und die linke Seite des Spiegels sind Engelsflügeln nachempfunden, der Mittelteil ist der eigentliche Spiegel. Der hat für mich eine doppelte Bedeutung. Wenn ich mich darin anschaue, dann weiß ich, ob ich buchstäblich noch in den Spiegel sehen kann. Ob ich nichts Verletzendes gesagt oder mich irgendwie verstellt habe, unehrlich zu mir selbst oder zu anderen war. Wenn ich vor meinen Engelspiegel trete und mich anschaue, dann bin ich mir nicht nur meines Äußeren bewusst, sondern auch meines Inneren.

Das zweite Teil, das ich nie mehr hergeben möchte, ist ein Schreibtisch. Dieses Stück ist wie ein Altar gestaltet, der von einem geschnitzten Buchenholz-Kopf gekrönt wird. Dazu gibt es einen passenden Stuhl mit Lehne. Daran zu sitzen ist mir heilig. An diesem Schreibtisch kann ich mich sehr gut konzentrieren, und ich liebe es, daran Briefe zu schreiben. Gerade habe ich dort für alle Nachbarn, die meine Mutter so liebevoll unterstützen und auf sie achtgeben, einen kleinen Dankesbrief verfasst. So etwas würde ich nie per E-Mail und auch nicht am Telefon erledigen. Und manchmal sitze ich einfach nur gern auf dem Stuhl an dem Tisch und denke nach. Es ist einfach ein guter Ort.

IV. Ankommen

Mein drittes Lieblingsteil ist ein mehrere Meter langer handbemalter Paravent aus Holz. Er zeigt auf der einen Seite Menschen auf den Straßen von Berlin, das hatte ich mir so gewünscht. Auf der anderen Seite sind zwei große, löwenähnliche Fantasietiere auf einem satten dunkelroten Grund zu sehen, die sich in der Mitte spiegeln. Diese Tiere sind für mich Lebenswächter. Ich habe eine ganze Weile hinter diesem Paravent geschlafen und fühlte mich nachts immer geborgen und von ihnen beschützt.

Da ist dann noch ein weiteres Werk dieses Künstlers: ein großes Mobile mit fliegenden Vögeln. Als wir noch in unserem Haus in Lübeck wohnten, hing es in einem sehr hohen Wintergarten. Dafür war es eigentlich gemacht. Ich konnte stundenlang zu diesem Mobile hochschauen und den Vögeln beim Fliegen zusehen. Ich liebe Dinge, die sich im Wind bewegen, und mich fasziniert auch das Spiel von Licht und Schatten, das dabei entsteht. In meiner jetzigen Wohnung musste ich es aus Platzgründen anders hängen. Es bewegt sich noch ganz zart, aber die Fluglinie der Vögel ist eine ganz andere geworden. Zuvor hingen sie immer übereinander, jetzt sind sie auf einem gespannten Draht angeordnet und fliegen hintereinander. Sicher ist das kein Zufall. Für mich ist dieses Mobile auch ein Symbol dafür, dass die Gedanken frei sind, man sich immer bewegen muss und die Bahn, auf der wir durchs Leben ziehen, sich täglich ändern kann.

Träume

Für die nächsten Jahre wünsche ich mir eigentlich gar nicht viel und plane auch nichts. Ich lebe auf positive Weise in jeden neuen Tag hinein. Ich hoffe einfach, so lang wie möglich gesund

und fit zu bleiben sowie ein so glückliches, ausgefülltes Leben zu leben wie momentan. Schön wäre es, wenn meine große Familie räumlich nah beieinanderbliebe. Zumindest meine Enkel werden sich irgendwann für einige Zeit zu einem Schüleraustausch oder zum Studieren ins Ausland verabschieden, da bin ich mir sicher. Ich würde mich sehr freuen, sie noch einmal wiederzusehen, wenn sie zurückkommen. Dieser Gedanke stimmt mich manchmal traurig, ich würde meine Familie aber niemals mit meiner Wehmut belasten.

Auch für jeden Tag mit Michael bin ich sehr dankbar und freue mich schon auf die Konzerte, die wir in diesem Sommer gemeinsam besuchen werden: Guns n' Roses im Olympiastadion, Iron Maiden und Pearl Jam in der Waldbühne – das sind unsere Highlights. Das Konzert von Axl Rose war mein großer Wunsch, ich habe wegen seiner langen, blonden Haare schon in den 1980er-Jahren sehr für ihn geschwärmt. Für die Vorweihnachtszeit haben wir eine Reise nach Wien geplant, im nächsten Jahr steht ein großer Skandinavien-Trip auf unserer Agenda – natürlich inklusive Black-Metal-Konzert.

In Bezug auf meinen Job möchte ich weiterhin dafür werben, dass Falten kein Stigma sind und in Sachen Schönheit die gesamte Ausstrahlung zählt. Dazu wünsche ich mir inständig, dass wir künftig zu unserem Alter stehen dürfen und uns nicht immer mindestens zehn bis 15 Jahre jünger botoxen, dünner werdende Haare mit Extensions und schmale Lippen mit Hyaluronsäure auffüllen, uns in Kindergrößen hungern und auffallend jugendlich kleiden müssen.

Typische Vorbilder habe ich eigentlich keine. Ich kann nicht wie andere sagen, dass ich beispielsweise Mahatma Gandhi

IV. Ankommen

mein ganzes Leben unglaublich bewundert habe oder dass ich mich gern einmal mit Nelson Mandela zum Mittagessen getroffen hätte. Ich neige nicht zur Verherrlichung einzelner Personen, das erscheint mir zu unkritisch. Ich bewundere eher individuelle Eigenschaften von Menschen. Ein gutes Beispiel dafür ist meine Ausbilderin Schwester Agape, die Schulleiterin der Fachschule für Sozialpädagogik in Gladbeck war, als ich dort studierte. Sie war weder gütig noch lieb, sondern gerecht, berechenbar und konnte auch mal über den Tellerrand hinausblicken. Dafür bewunderte ich sie zutiefst.

Fasziniert bin ich auch, wenn Menschen ein gesundes Maß an Konsequenz zeigen. Das kann manchmal auf eine gewisse Art und Weise lebensrettend sein, wie bei meiner Freundin Marlis, die nach ihrer Krebsdiagnose ihren Job frühzeitig an den Nagel hängte, das Leben genoss, die Welt bereiste und es sich noch mal richtig gut gehen ließ. Als sie dann dennoch viel zu früh starb, konnte sie das immerhin mit dem Gedanken tun, nichts im Leben aufgeschoben zu haben. Als vorbildlich empfinde ich auch Menschen, die selbst nach großen Krisen immer wieder den Mut finden, etwas Neues zu beginnen oder aufzubauen. Im Grunde steht ja die ganze Generation unserer Eltern und Großeltern, die einen oder sogar zwei Weltkriege miterleben mussten, in besonderem Maße stellvertretend dafür. Ihrem unerschütterlichen Lebenswillen gelten mein großer Respekt und meine Hochachtung. Auch Fleiß, Hartnäckigkeit und Ausdauer, wie ich sie zeitlebens bei meiner Mutter erlebt habe, imponieren mir sehr. Last but not least: Ehrlichkeit ist eine Eigenschaft, die mir einen Menschen sofort sympathisch macht. Mein Vater war so ein grundehrlicher Mann, der sich nie verstellte, und mein heutiger Freund Michael ist es auch.

Egal ob leger ..

... total ausgefallen ...

... oder ganz privat ...

Anna von Rüden zeigt vor der Kamera, wie vielfältig sie ist.

Impressum

© 2018 GRÄFE UND UNZER VERLAG GmbH, München

Alle Rechte vorbehalten. Nachdruck, auch auszugsweise, sowie Verbreitung durch Bild, Funk, Fernsehen und Internet, durch fotomechanische Wiedergabe, Tonträger und Datenverarbeitungssysteme jeder Art nur mit schriftlicher Genehmigung des Verlages.

Projektleitung: Maria Hellstern
Text: Silke Amthor
Lektorat: Alexandra Bauer (textwerk, München), Karin Leonhart für textwerk, München
Umschlaggestaltung und Layout Fotoseiten: Martina Baldauf, München
Bildnachweis:
Cover: Cecilia Harling, Coveraußenklappe: Michael Grasmann, S. 41 o: privat (Anna v. Rüden), S. 41 u: privat (Anna v. Rüden mit den Enkelkindern Sophia und Greta), S. 89 ol: privat (Anna u. Wilhelm Hüttermann, Susanne Bromkamp, Anna v. Rüden), S. 89 or: privat (Anna v. Rüden), S. 89 ul: privat (Anna Hüttermann, Anna v. Rüden), S. 89 ur: privat (Anna v. Rüden), S. 139 ol: privat (Anna v. Rüden), S. 139 or: privat (Anna v. Rüden), S. 139 u: privat (Anna und Johannes v. Rüden), S. 167: privat (Wilhelm, Anna, Johannes, Hans, Elisabeth v. Rüden), S. 190 ol: Steven Kohlstock, S. 190 or: Hruod Burgher (R. Weiss), S. 190 u: Michael Grasmann, S. 191: Cecilia Harling
Herstellung: Markus Plötz
Satz und Layout: Björn Fremgen, Kontraste
Reproduktion: Repro Ludwig, Zell am See
Druck und Bindung: CPI BOOKS, Ulm

ISBN 978-3-8338-6517-6
1. Auflage 2018

Die GU-Homepage finden Sie unter www.gu.de

 www.facebook.com/gu.verlag

Ein Unternehmen der
GANSKE VERLAGSGRUPPE